0.1% 엘리트의 탄생

0.1%

엘리트의 탄생

이연하 지음

StarRich
Books

0.1% 엘리트의 탄생

초판 인쇄 2022년 9월 24일
초판 발행 2022년 10월 1일

지은이 이연하
펴낸이 이혜숙
펴낸곳 (주)스타리치북스

출판 감수 이은희·오수빈 外
출판 책임 권대홍
출판 진행 이은정·한송이
본문 교정 김영희
본문 디자인 스타리치북스 디자인팀

등록 2013년 6월 12일 제2013-000172호
주소 서울시 강남구 강남대로62길 3 한진빌딩 2~8층
전화 02-6969-8955

스타리치북스 페이스북 www.facebook.com/starrichbooks
스타리치북스 블로그 blog.naver.com/books_han
스타리치몰 www.starrichmall.co.kr
홈페이지 www.starrichbooks.co.kr
글로벌기업가정신협회 www.epsa.or.kr

값 20,000원
ISBN 979-11-85982-75-5 03370

아이비리그를
아이비리브 I believe 하다

"저, 유펜에 가고 싶습니다."

이제 막 10학년 2학기에 접어든 한 남학생이 이렇게 이야기했을 때 나는 잠시 고민했다. 부모님도 없이 혼자서 상담을 온 학생이었다. 첫눈에도 당당하고 영특해 보였지만 입시는 현실이기에 어느 선까지 솔직하게 말해주어야 할지 난감했다. 아이의 꿈을 위해 긍정적인 말들만 해야 할까, 아니면 현실적인 이야기를 해줘야 할까? 참고로 유펜 University of Pennsylvania은 아이비리그 가운데 한 학교다.

"지금 다니고 있는 학교에서 유펜에 간 학생이 있었니?"

"잘 모르겠는데, 거의 없었던 것 같아요. 그거랑 상관이 있나요?"

한마디를 던졌을 뿐인데 많은 것을 생각하는 눈치였다. 수수께끼 같은 말에 학생은 의문스러운 표정을 지으면서도 뭔가 눈치를 챈 것 같았다. 생각해보니 같은 학교 출신 중에 유펜에 간 학생이 있다는 이야기를 못 들었고, 왜 없었는지 생각해보지 않았다는 것까지 깨달은 듯했다. 많은 말을 하지는 않았지만 그 짧은 순간에도 그냥 학교 공부만 열심히 해서는 아이비리그를 갈 수 없는, 어떤 보이지 않는 메커니즘이 존재한다는 사실을 간파한 것 같아 보였다.

"그럼 방법이 없나요? 저는 못 가는 건가요?"

의지가 강한 학생이었다.

"방법이 없지는 않아. 하지만 쉽지는 않을 거야. 무엇보다 너의 의지가 중요하고. 그리고…시간이 필요해."

이 짧고도 팽팽했던 미팅은 긴 만남으로 이어졌다. 완벽한 학생이 없듯이 강점과 함께 부족한 부분을 지니고 있었던 그 학생은 약 2년이란 기간 동안 자신의 약점을 보완하며 입시라는 산을 함께 넘었다. 그리고 그 시간의 끝에서 드디어 유펜에 당당히 합격했다.

"선생님, 저 합격했어요. 합격이에요!"

＊

현재 나는 우수한 학생들을 지도하고 있다. 좀 더 정확히 말하면 최상위 그룹에 속할 만한 아이들의 명문 학교 입학을 도와주고 있다. 대한민국에서 유학을 갈 수 있는 학생들은 여러 가지 이유로 선택된 그룹이며, 그중에서도 미국 대학 랭킹 20위 안에 드는 학교에 갈 수 있는 성적인 학생은 일부이고, 또 그중에서도 컨설팅의 효과를 알고 미리 준비하려는 학생은 더욱더 범위가 좁다. 0.01% 정도나 될까.

나는 대치동 키즈가 아니다. 또 유학 쪽으로 대부분의 인프라가 몰려 있는 압구정과는 지금까지도 별로 친하지 않다. 그런데 어떻게 대한

민국 최고 엘리트 그룹의 학생들을 지도하는 카운슬러가 되었을까?

솔직히 엘리트 교육이라는 단어는 어린 시절의 내게는 매우 생경한, 먼 세상의 말이었다. 엘리트 교육이란 나와는 상관없이 마치 정해진 삶을 사는 정해진 사람들만의 리그인 듯 보였다. 그렇다 보니 모든 것이 이미 날 때부터 준비되고 계획된 듯 보이는 엘리트에 대한 불편함이 있었다. 더 정확히 표현하면 엘리트로 키워지는 아이들에게는 내가 해줄 수 있는 일이 별로 없다고 생각했다.

그런데 수많은 학생의 해외입시 컨설팅을 해주는 전문 회사를 운영하면서 생각이 많이 바뀌었다. 유학을 준비하는 학생들이 찾아오는 회사인 만큼 경제력과 사회적 위치, 지적인 수준이 높은 것은 사실이지만 그렇다고 뭐든 그냥 얻을 수 있는 것은 아무것도 없었다. 이 분야야말로 훨씬 더 치열하게, 더 전략적으로 노력하고 움직이지 않으면 안 되었던 것이다.

그간 우리와 함께하며 성장한 학생들의 활약은 가히 놀랍다. 깜짝깜짝 놀라게 하는 대박 합격 실적이 매년 나오고 있다. 하지만 단지 명문이라고 불리는 학교에 합격했다는 단순한 결과만 말하고 싶은 게 아니다. 아무런 꿈도 미래도 없이 방황하다가 컨설팅을 하면서 자신을 돌아보고 차츰 꿈을 찾아가며 세상을 바꿀 인재로 성장해가는 이들도 있고, 늘 트러블 메이커로 목적 없는 인생을 살았지만 이제는 인생의 방향을 확실하게 설정하고 수정하며 스스로 개척해나가는 이들도 있다.

그동안 앞만 보고 열심히 뛰어온 것에 보상이라도 받듯 꿈에 그리던 학교에 덜컥 합격하는 이들도 있다. 환경이 받쳐주니 그것도 가능하지 않겠느냐고 반문할 수도 있다. 부정할 수는 없지만, 단순히 타고난 환경으로만 이루어진 결과라고 생각하지는 않는다. 명문 학교라는 목적지를 설정해두고 달려가는 게 아니라, 진정한 엘리트 의식이라는 방향성을 두고 마라톤을 했기에 얻은 값진 열매라고 생각한다.

십수 년 카운슬러로 살아오면서 내린 결론은 하나다. 엘리트는 타고나는 게 아니라는 사실이다. 물론 컨설팅을 하다 보면 천재적이라든가 압도적인 능력을 가진 친구들도 만난다. 하지만 모두 알다시피 그런 경우는 극히 드물다. 모든 것이 노력과 시간의 결과다. 그 노력과 시간이 열매를 맺는 과정을 칼리지 카운슬러로서 도와주고 있다는 사실에 자부심을 가지고 살아가고 있다. 성공한 부모들도 하기 힘들다는, 아이들의 미래와 커리어를 영향력 있는 엘리트의 모습으로 바꾸고 있는 중이기 때문이다.

또 하나, 이 일을 하면서 크게 얻은 것이 있다. 케케묵은 운명 같은 고민이 해결되었다는 점이다. 청소년기의 나는 유난히 고민이 많던 학생이었다.

"왜 대학을 가야 하는 걸까요?"

"이 과목은 왜 배우는 걸까요? 나중에 써먹을 수는 있을까요?"

질문이 많은 거였을 수도 있고 반항처럼 보였을 수도 있지만 무엇 하나 쉽게 받아들이는 법이 없었다. 이유는 단순했다. 고등학교에서 배우는 모든 과정이 돈을 벌고, 성공을 하고, 하고 싶은 일을 하는 데 직접적인 영향을 끼치는 것 같아 보이지 않는, 한마디로 너무 먼 길을 돌아가는 것처럼 보였기 때문이다. 관심이 있던 것들은 주로 학교 밖에 있었고 학교와 공부는 마치 뜬구름처럼 내가 가려는 길과는 상관이 없어 보였다.

왜 공부를 해야 하는지, 왜 대학을 다녀야 하는지 이런 엉뚱한 질문을 할 때마다 말리는 사람은 많았지만 제대로 설명해주는 사람은 없었다. 재밌는 사실은 이러한 고민이 나의 시대에서 끝날 것처럼 보였는데 수십 년이 지난 지금도 학생들이 똑같은 고민을 털어놓는다는 사실이다. 어쨌든 이런 질문을 청소년기를 넘어 20대 시절에도 매일 던졌는데 그 당시에는 답이 없을 것만 같았다. 그런데 학생들을 도와주면서 그 케케묵은 질문의 답을 찾게 되었다. 돕는 인생에 대한 지향이 WHY의 문제를 해결해준 것이다. 그래서인지 학생들을 돕는다는 사명으로 일하게 되고 앞으로도 일할 수 있을 것 같다. 이 책을 쓰게 된 목적도 같은 연장선상이다.

이 책은 기존의 엘리트를 이야기하지 않는다. 오히려 엘리트를 나름의 경험에 빗대어 새롭게 정의하고, 그 길로 나아가게 하는 가이드북이라고 하는 편이 더 맞을 것이다. 부족하지만 치열했던 경험이 인사이트가 되어 가이드의 밥상을 차려보려 한다. 가이드는 여행객을 원하는 장소까지 안내해줄 수 있지만 여행지를 누리는 일은 여행객의 몫이다. 다만 이 책을 통해 한 차원 더 나아가는 데 도움을 주고 싶다. 인사이트를 줄 수 있는 가이드, 그토록 한국 교육이 외치는 名文 교육이 아닌 明文 교육으로 패러다임을 전환하는 작은 시도로 본다면 더할 나위 없이 기쁠 것이다.

CHAPTER **3**

0.1% 엘리트의 탄생

'아, 이거였구나. 내가 할 일이…'
한국에 남아야겠다고 처음으로 생각한 순간이었다.
입시 결과만을 위한 도우미가 아닌, 입시 결과가 되게끔 도움을 주는 일을 해야겠다는
생각이 든 것이다.
도움이 필요한 사람이 많지만 '언제' 도움을 받아야 하는지 모르는 사람이 절대적으로
많다는 것을 알게 되었다.

CHAPTER

1

아이비캐슬
IVY CASTLE

진짜 엘리트는
누구인가

01

8년 만에 찾은 한국

"아이린! 한국에 좀 다녀와야겠어요. 아무래도 당신이 같이 들어가서 초기 세팅을 도와주고 오면 회사도 학교에서도 마음이 놓일 것 같습니다."

한국에 들어와 외고 국제반 운영을 맡게 된 것은 생각지도 못한 전개였다. 미국 교육 컨설팅 회사에서 브랜치 매니저를 하다가 이제 막 헤드쿼터에 들어와 프랜차이즈 코디네이터 업무를 키워나가고 있었다.

미국 생활 8년 차, 몸담고 있던 회사는 여러 한국 교육기업과 합병 및 제휴 관련설이 오가고 있었고, 프랜차이즈를 통한 자체적인 몸집 불리기에도 한창이어서 업무는 늘 산적해 있었다. 시스템을 정비해야 하고 면접을 해야 하는 프랜차이지(Franchisee 가맹점)도 여럿이라 마음의 여유 없이 폭발적인 업무량을 소화하고 있었는데 한국행이라니.

당시 한국은 유명 외고들이 학교에서 자체적으로 국제반을 만들어 운영하는 것이 유행일 때였고, 그 국제반에서 미국 최상위 대학교로 진학하는 루트가 성행하고 있었다. 회사 측에서는 경험이 적어도, 나이가 너무 적거나 많아도 안 된다며 꼭 내가 가야 한다고 했다. 전체 국제반 원어민 선생님들도 관리해야 하고, 한국의 학부모와 학교 간 소통도 중재해야 하니 영어와 한국어뿐 아니라 양쪽 문화를 다 알아야 했기 때문이다.

대일외고 국제반(DOSP: Dual Oversea Study Program) 운영도 회사에서는 중요한 프로젝트였기 때문에 성공시킬 사람이 필요했다. 그게 나라고 판단한 듯했다. 결국 아이비리그 출신 선생님들과 동료 카운슬러까지 구성하여 운영팀을 만들고 그렇게 그들과 함께 한국으로 돌아왔다.

8년 만에 밟은 한국 땅은 많이 바뀌어 있었다. 수십 년 만에 돌아온 것도 아닌데 하도 미국에서 산전수전을 겪은 탓인지 한국이 오히려 생소하게 느껴졌다. 팀으로 데리고 온 원어민 선생님들과 동료 카운슬러들이 다 같이 기거할 기숙 아파트를 배정받고 소소한 환영 파티를 한 뒤 업무 준비를 했다.

당시 외고는 공부를 잘하는 학생이 많이 모여 있는 특수 학교였고, 소위 엄마들이 말하는 '입결(입시 결과)'이 최고인 학교였다. 당연히 학교 업무가 쉽지만은 않을 거라는 생각이 들었다. 미국에서 꾸려 온 국제반 팀과 학교, 프로젝트를 주관하는 관계자들과의 미팅이 시작되었다. 새로 시작되는 국제반의 운영 방안에 관한 미팅이었다. 프로젝트 중간에 합류하게 된 나는 정확한 배경을 몰랐기에 미팅에서 현지 상황을 파악하게 되었다. 특별한 점은 주도하는 이들이 교사가 아닌 학부모였다는 사실이다.

"선생님, 저희가 원하는 건 간단명료합니다. 국제반 학생들을 좋은 대학교에 진학시키는 거예요. 그 목적을 달성하려고 미국에서 선생님들을 모신 겁니다."

과연 한국 엄마들의 파워는 엄청났다. 외고 국제반에 입시전문 컨설팅 시스템을 도입한 것도 학부모들의 의견이었고, 알고 보니 운영 주체도 그들이었다. 재정 주도권이 학부모에게 있다는 것을 알게 되자 일이 녹록지 않을 것이라는 생각이 밀려왔다. 학부모들의 모든 의견을 학교가 받아들일 수는 없을 터, 미팅 분위기는 진지하다 못해 험악하게까지 번져갔다. 훗날 이 학부모들은 지금까지도 감사인사를 전해주시는 든든한 관계가 되었지만 첫 날 미팅 분위기는 무시무시했다.

운영안을 놓고 학교와 학부모, 양쪽의 의견이 치열하게 대립하는 가운데 가만히 앉아서 듣기만 하고 있던 나는 정작 엉뚱한 고민을 하고 있었다.

'설마, 이러다가 미국으로 못 돌아가는 건 아니겠지?'

침착한 듯 앉아 있었지만 머릿속은 혼란스러웠다. 길어야 일주일 정도 초기 세팅을 해놓고 다시 미국으로 돌아가려던 것이 애초의 계획이었다. 회사 측에서도 그렇게 주문했었고 미국 본사에도 진행 중인 일들이 산적해 있건만 왠지 불안했다.

"아이린 선생님이 2학년을 맡아주시지요."

예감은 적중했다. 전체 국제반 운영자이면서 수석 카운슬러이기도 했지만 특별히 신경을 많이 써야 했던 2학년의 가이던스 카운슬러를 맡게 되었다. 이는 그 학생들이 졸업할 때까지는, 다시 말해 그 학생들의 대학 결과가 나오기까지는 책임감을 가지고 업무를 지속해야 한다는 의미였다.

'아, 망했다.'

단기 출장으로 생각했기 때문에 미국에서 가져온 수트케이스는 너무나 간단했다. 미국에서 살던 집의 임대료와 주차장을 지키고 있을 차, 정리하지 못하고 출발한 회사 책상까지 모든 것이 걱정됐지만 상황은 흘러갔다. 일주일만, 한 달만 팀을 운영해 달라던 본사의 입장도 서서히 바뀌어 그렇게 계속해서 한국에 머무르게 되었다.

국제반의 관리 책임자 자리에서 해야 할 역할은 국제반 학생들의 해외입시 업무를 전반적으로 서포트하는 동시에 학생들에게 필요한 학업을 가르칠 교사들을 관리하는 것이었다. 나중에 듣게 된 이야기지만 국제반의 수석 카운슬러 자리는 경력과 실력, 성별, 심지어 나이까지도 학부모들이 원하는 그림이 따로 있었던 어려운 자리였다. 평생 떠나지 않던 일복이 그곳에서도 터진 셈이다.

함께 들어온 외국인 강사들은 유학을 준비하는 학생들을 위해 SAT(미국 대학 입학 시험) 수업을 진행했고, 나는 학교와 학부모, 학생들과의 관계 속에서 진학을 위한 모든 정비 작업에 착수했다. 한 학년 국제반 학생이 30명가량이었고, 나는 그 담당 학년의 대학 준비와 다른 학년의 국제학교 전체 운영까지 도맡아 끊임없는 상담과 메일링 등 점검과 관리를 해나갔다.

당시만 해도 미국 대학 입학을 위한 SAT 공부를 외부에서 할 수 있는 곳이 많지 않았기 때문에 대부분 학교의 국제반은 방과 후 프로그램으로 SAT 수업을 진행했다. 수업 일정표 짜는 것부터 선생님 배치와 학생의 수업 난이도를 반마다 조정하고 수업 컴플레인 대응까지, 신경 써야 할 부분이 정말 많았다. 무엇보다 여기저기서 요구하는 사항도 많았다. 학교 측에서는 외부에서 영입된 인력에 경계심도 있었던 듯하고, 학부모 측에서는 개개인의 요구에 얼마만큼 맞춰줄지에 대해 의견이 분분한 듯했다.

당시 외고는 아이들에게 꿈의 학교였다. 어쩌면 외고 입학이 아이비리그에 들어가는 것보다 현실적인 기쁨이 더 컸을 수도 있다. 그런 까닭에 중학교 1~2학년이면 이미 외고 갈 준비를 본격적으로 시켰다. 심지어 초등학교 고학년이면 외고를 준비할 만한 학생과 그렇지 않은 학생이 갈릴 정도였다. 실제 외고 출신 학생들의 입시 결과는 해외 명문이든 국내 대학이든 가히 충격적이어서 모든 엄마에게 선망의 대상이 되어 있었던 것이다.

특히 외고에는 미국 명문대를 포함한 해외대학 입시를 돕는 국제반이라는 게 있었는데 이 국제반 출신 학생의 활약이 매우 뛰어났다. 지금이야 국제학교도 있고 고등학교 때 유학을 가려면 얼마든지 갈 수 있게 루트가 일반화되었지만 그때만 해도 외고는 최고의 명문 미국 대학을 가기 위한 매우 전략적인 시스템이었다. 내가 대일외고에 파견 갔을 당시는 소위 외고의 전성기였다. 특목고나 자사고, 과학고도 마찬가지였다.

외고에 입학하는 아이들의 토플 점수를 지금으로 환산하면 120점 만점에 115점이 넘는 아이들이 허다했으니 더 설명할 필요가 없었다.

그 당시 미국 대학 30위권 정도인 학교에 들어갈 때 미니멈 토플 점수가 80점일 때였다. 주재원 자녀 등 해외 경험이 많은 학생이 대부분이었다.

아마 미국 내에서도 이렇게 공부 잘하는 아이들을 모아둔 교육기관은 찾아보기 힘들 것이다. 내가 있던 플러튼 지역도 미국 서부에서 교육열이 뛰어난 오렌지카운티의 명문 동네였고 그 주변의 공립 고등학교도 정말 잘하는 아이들이 많이 모인 곳이지만, 한국의 외고처럼 잘하는 아이들이 집약되어 있는 곳도 드물었다.

이런 아이들을 만났으니 이제 샴페인만 터트리면 된다고 생각했었다. 아이들은 이미 실력을 갖추고 있었고 다른 조건들만 얹어주면 되는 상황이었기 때문이다. 그런데 대일외고 학생들을 비롯해 대일외고를 나와서 만났던 수많은 민사고, 용인외대부고, 과고 아이들을 보면서 이런 예감은 보기 좋게 무너졌다. 아이들과 심층 상담을 하면서 이건 아니라는 생각이 강하게 들었다. 뭔가 에너지의 방향을 엉뚱한 곳에 쏟고 있는 느낌이었다.

뭔가 내가 해야 할 일이… 반드시 내가 해야 할 일이 있다고 강하게 믿게 되었다. 결국 2년간 대일외고 국제반 운영을 마친 나는 미국으로 돌아가는 대신 한국에 남기로 했다.

02

박제된 엘리트를
꿈꾸는 아이들

"헷갈리네…."

분명 아까 본 Resume(이력서)와 내용이 같은데 다른 학생의 것이었다. 대일외고 국제반 사무실에 앉아서 분간이 안 되는 여러 아이의 서류를 검토하고 있으려니 왜 이리 비슷한 활동이 많은지 의문이었다. 같은 학교 학생이 들어갈 수 있는 클럽의 숫자도 제한되어 있건만 학교 클럽도 비슷했다. 수업도 모두 같았다. 외국 학교의 경우 학생의 수준에 따라서 듣고 있는 과목이 달랐지만 한국 외고는 그렇지 않았다. 대부분 같은 수업을 듣는다.

상황이 이러니 난감했다. 학생들을 차별화할 부분이 딱히 보이지 않았다. 모두 같은 교복을 입고 있는 아이들을 보며 처음엔 뭔가 착오가 생겼거니 했는데, 알고 보니 아니었다. 학생들 대부분의 이력서 내용이 비슷했고 약간씩만 내용이 달랐다. 심지어 봉사활동 내용까지 거기서 거기인, 조금 심하게 말하면 비슷한 서류 서른 개가 눈에 겹쳐 보였다. 어떻게 이럴 수 있을까 싶었는데, 학교에 있어 보니 충분히 그럴 수 있는 구조였다.

아이들에게서 미리 받은 이력서에는 리더십 세미나, 창의력 대회 등 알 수 없는 활동들이 도배하고 있었다. 7일짜리 리더십 세미나에서 없던 리더십이 생기지는 않을 텐데 이게 왜 리더십으로 분류가 되어 있을까? 창의력 대회는 도대체 어떻게 창의력을 심사하고 상을 준다는 걸까? 취지를 도무지 알 수 없는 활동이 많았다.

봉사 같은 경우는 해비타트, 월드비전, 유니세프 등 대부분 비슷한 활동이었다. 그 당시 태안에서 엄청난 기름유출 사고가 있었는데 아니나 다를까, 모든 학생의 이력서에 태안 봉사활동이 추가되었다.

참 이상한 일이었다. 한국인처럼 개성이 강한 민족도 없다고 생각했는데 우수한 아이들의 이력이 이렇게 천편일률적으로 비슷하게 관리되고 있다니. 그러면서 나는 미국에서 지내면서 만났던 아이들을 자연스럽게 떠올렸다.

'수지는 오리건에서 방학마다 플러튼에 와서 SAT를 공부했었지. 엄청 노트를 예쁘게 쓰고 학교 yearbook에서 주변 커뮤니티에 모금행사 한다고 열심이었던 친구. 할아버지가 참전 용사셔서 그분들을 위한 커뮤니티를 만들겠다고 했었지. 브랜든은 학교 수영팀에서 수영을 5시간이나 한다고 했었나? 그래도 수영팀을 우승으로 이끌면서 수학 AP Calculus를 자기 힘으로 끝내보겠다고 이리저리 고생하다가 먼저 대학 간 선배를 찾아 도움을 받으면서 Northwestern에 진학하고. 아, 골프를 열심히 하면서 스탠퍼드에 간 학생도 기억난다. SAT 영어 성적이 생각보다 안 나와서 고생하다가 내가 ACT(American College Test, 미국 대학 입학 시험)도 보고 SAT도 보자고 해서 매주 일주일에 두 번씩 사무실로 찾아와 빈방에서 혼자 우직하게 문제를 풀고는 했었지.'

　미국에서 만난 아이들의 포트폴리오가 3D처럼 입체적이라면 한국 아이들의 이력은 2D처럼 뭔가 밋밋했다. 문제는 그뿐만이 아니었다. 외고 아이들의 입시 결과를 분석하면 할수록 공부 잘하는 아이들이 많이 모인 것에 비해서는 그다지 결과가 안 좋다는 사실을 알게 됐다. 단순히 International Student(국제 학생)라서 그런 걸까?

　그러면서 스스로에게 물어보았다. 과연 이 아이들이 미국에서 만났던 그 아이들보다 덜 노력하고 있는 것일까? 하지만 그런 결론은 얻을 수 없었다. 오히려 한국에 있는 아이들이 공부의 양이나 모든 면에서 더 치열하다고 생각됐다. 그렇다면 뭐가 문제였을까?

　그 당시 학교 교장선생님과 몇몇 선생님이 팀을 꾸려서 아이비리그 투어를 가셨다. 해당 학교의 어드미션을 직접 만나 정성스럽게 제작한 우리 학교의 프로파일을 보여주었다. 우리 학교를 잘 알리고 나중에 우리 학생들에게 더 좋은 진학 실적을 만들어주려는 활동이었다.

　학교 프로파일에는 학교 소개와 진학 실적, 학교의 수업 방식, 시스템 등이 적혀 있었다. 아침 7시 반부터 밤 10시까지 수업을 하는, 그야말로 미국 사람들이 볼 때 깜짝 놀랄 만한 엄청난 학구열을 가진 집단이었다. 그러나 방문했던 대부분의 아이비리그 어드미션에서는 그 프로파일을 보고 다음과 같은 질문을 던졌다고 한다.

"아이들이 아침 일찍부터 밤늦게까지 학교에서 공부를 하네요. 그러면 아이들이 봉사는 언제 하죠?"

내 질문도 같았다. AP(Advanced Placement, 미국에서 고등학생이 대학 진학 전에 대학 인정 학점을 취득할 수 있는 고급 학습 과정) 시험을 몇 개만 보는 것도 매우 어려운 일인데 그 당시 외고 아이들은 무려 12~15개 혹은 그 이상을 봐서 점수를 냈다. 미국 현지 학교에서도 드문 경우였고, 학문적으로는 정말 탁월한 아이들이었던 것이다. 하지만 상대적으로 다른 면을 부각시키기는 어려웠다.

당시 근무하던 외고뿐만 아니라 다른 대부분의 외고도 정책과 분위기가 비슷했다. 이렇게 공부를 잘한다고 강조하는 것이 경쟁력이고 강점이라고 생각했다니, 철저한 한국식 마인드다. 실제로 국제반이 성행했던 2000년대 초반에는 이러한 엄청난 능력의 공부 괴물들이 최고 학부의 미국 대학을 합격하면서 대박 실적을 냈던 것도 사실이다.

외고에 와서 그 정도 실적을 내려면 물어보지 않아도 아이가 초·중·고 기간에 얼마나 공부를 잘하고 많은 양을 소화했을지 추측이 갔다. 어릴 때부터 잘한다는 소리를 엄청 들으면서 컸을 것이고 바늘구멍만 한 여러 수상 실적과 입시도 뚫은 대단한 아이들이었을 것이다.

그러나 다양성을 추구하고 공동체에 기여하고 인재 중의 인재들과 함께 어울려서 시너지를 내게 하고 싶었던 아이비리그에서 볼 때는 그저 공부에만 열중하는 Typical Asian들일 뿐이었다. 이렇게 공부에만 열중하니 천재급에 가깝게 잘하던 한국 학생이 하버드에서 Cheating(부정행위) 사건에 휘말렸다는 이야기부터 미국 대학에 간 한국 학생이 봉사나 스포츠, 클럽 등 각종 학교 행사에는 참여하지 않고 기숙사 안에 틀어박혀 전자사전을 계속 찾고 있다는 이야기까지 들려오는 것이리라. 매우 안타까운 일이었다.

실제로 아이들의 이력서에는 특이하고 개발해주고 싶은 재능이 많았다. 이렇게 잘하니까 외고를 온 거구나 싶을 정도로 반짝반짝 빛나는 재능이 보이건만, Academic(학업)과 Activity(활동)와 Community(공동체)에 대한 봉사 등 지원자의 모든 균형을 Well-Rounded Person으로 유지하는 일은 쉽지 않았다. 시간적으로 더 여유가 있었더라면, 이 아이들이 뭐가 정말 중요한지 좀 더 일찍 알았더라면 하는 아쉬움이 컸다.

어쨌든 미국 교육의 현장을 봐왔고 그 속에서 공부했고 일했던 나로서는 답답했다. 한국의 아이들이 얼마나 똑똑하고 빛나는지 알고 있기에 그들이 더 넓은 세상으로 도약할 수 있게 제대로 도와주고 싶었다. 안타깝게도 지난 몇 년간 많은 학생의 해외입시를 컨설팅하면서 그 일을 제대로 확실히 돕는 기관은 보지 못했기 때문이다.

뭔가 새로운 전환점이 필요했다. 어떤 식으로든 지금까지의 경험과 생각과 고민을 선한 방향으로 이끌어가고 싶은 열정이 생겼다. 그때부터 학생들과 만나 다양한 커리어를 위한 제안과 설득, 학부모와의 면담, 학교 측과의 끊임없는 타협의 일선에서 잔 다르크처럼 일했다. 미국의 대학들이 거의 요구하는 추천서를 준비할 때는 온갖 유혹과 권위 앞에서 무너지지 않으려고 사무실을 걸어 잠그며 공정하게 일했다.

2년간 국제반 학생들의 진학을 지도하면서 남은 건 상처뿐인 영광이었다. 지도한 학생들은 대부분 원하는 학교로 진학했고 그로 인한 학교의 격도, 학생들의 반응도 높아졌지만 마음 한쪽에서 치고 올라오는 미묘한 감정은 나를 꿈틀거리게 만들었다. 뭔가 더 제대로 했으면 좋았겠다는 아쉬움, 더 잘하고 싶다는 소원이 생겼다고나 할까.

원래의 계획대로라면 다시 미국에 들어가 그동안 해왔던 교육 컨설팅 분야에서 안정적으로 살면 되었겠지만 상황이 변하고 있었다. 이미 나는 한국에 들어와 교육 현장을 봤고 가능성에 대한 아쉬움과 희망을 동시에 느끼고 있었다. 지난 2년간 입시교육의 최일선에서 얻은 뭔지 모를 아쉬움과 답답함을 해결하고 싶은 마음이 나에게 시그널을 보내고 있었다.

우연히 다른 외고의 학부모님이 소문을 들으셨다며 절박하게 도움을 청하셨다. 소문이 꼬리를 물고 퍼지자 민사고, 용인외대부고, 이화외고, 명덕외고, 과고 등 소개를 받은 학부모님들이 도움을 청하셨지만 어찌 됐든 한 학교에 소속된 몸이라서 그들을 돕는 것도 제한되었다. 아이의 대학 준비 상황을 진단받고 싶으셨던 것인데 정말 잘하는 아이인데도 아이의 특징이나 능력이 전혀 드러나지 않고 있었다. 더구나 성적이 다른 아이들에 비해 조금 낮다는 이유로 아이의 자신감이 많이 떨어진 상태였다.

전화로 간단히 조언을 해주는 것에 지나지 않았지만 이런 상황에 놓인 학생이 정말 많겠구나 싶었다. '넌 절대 못하는 아이가 아니야'라고 혼잣말도 해봤다. 특히나 원서를 쓸 때 지적하는 것은 아무런 도움이 되지 못했다. 아카데믹한 플랜도 그렇고 활동도 중장기적으로 계획해서 진행해야 하는 것이 많았지만 시간이 없기 때문에 그 시기에 가능한 것들만 이야기해야 했다.

하지만 이런 겉핥기식 상담은 내 성향에는 맞지 않았다. 문제의 근본 원인은 외면한 채 포장만 열심히 할 수는 없기 때문이다. 그때 번뜩 생각이 들었다.

'아, 이거였구나. 내가 할 일이…'

한국에 남아야겠다고 처음으로 생각한 순간이었다. 입시 결과만을 위한 도우미가 아닌, 입시 결과가 되게끔 도움을 주는 일을 해야겠다는 생각이 든 것이다. 도움이 필요한 사람이 많지만 '언제' 도움을 받아야 하는지 모르는 사람이 절대적으로 많다는 것을 알게 되었다. 그들에게 진짜 필요한 도움을 주어야겠다는 생각을 굳혔다.

한국에 남겠다는 결심을 하게 된 이후로 타 학교 학생에게 해주던 도움과 카운슬링을 중지했다. 인생의 어느 한 시점에서 나 자신에게 한 약속처럼, 어설프게 돕지 말고 도와줄 거면 확실하게 도와주자고 결심했다. 어차피 바꿀 수 없는 조건을 이야기해봐야 마음만 아플 테니 바꿀 수 있는 부분에 제대로 해답을 주자고 마음을 먹었다.

03

총성 없는 전쟁터,
사교육 시장과 맞짱 뜨다

"이렇게 하면 하버드 갈 수 있대요!"

학교 GPA(Grade Point Average, 학점을 말함)도 안 나와서 문제가 심각했던 한 학생이 한꺼번에 8개 AP 시험을 준비하고 있다며 자랑 삼아 이야기했다. 누가 그런 이야기를 했냐고 하니 과외 선생님이 그랬단다. 그러면서 과외 선생님이 AP 준비를 위해 전 과목을 도와주고 있다고 했다. 한 달 과외비가 천만 원 가깝다고 했다. 천만 원이 뉘 집 강아지 이름도 아닌데…. 그런데 정작 그 학생은 가장 문제였던 학교 GPA를 올리지 못했고, 결과는 꽝이었다. 돈만 날린 셈이다.

사교육 시장은 총성 없는 전쟁터다. 부모 입장에서는 정신 똑바로 차리지 않으면 자녀에게 엄청 큰 영향이 가니 아이가 잘하고 있어도 불안한 마음이 든다. 특히 유학 시장에는 이런 심리를 노리는 사냥꾼들이 어마어마하다. 유학 쪽은 학비도 그렇고 지출하는 비용의 단위가 커서 한번 사람을 잘못 만나면 엄청난 돈을 쏟아붓게 된다. 돈만 쓰면 차라리 괜찮은데 아이들의 노력, 에너지, 기회까지 눈물 나게 다 빼앗기는 경우가 많다.

독립 카운슬러로 전환한 이후 외부 학생과 학부모를 많이 만나게 되었다. 상담 때마다 들은 내용은 가히 충격적이었다. 주로 사기를 당한 내용이었다. 어느 학교를 보내주겠다고 장담해놓고 돈만 받고 사라졌다는 이야기는 고정 레퍼토리였고, SAT나 ACT 시험지 유출과 관련된 사건들은 드라마를 찍어도 될 정도였다.

내용도 잘 모르면서 아는 척하는 사람들에게 당한 이야기, 학력이나 대학 실적을 위조해서 홍보하다가 걸린 사람들, 에세이를 재활용하거나 대신 써주는 사람들, 수상 실적을 만들어주겠다면서 엄청난 비용을 요구하는 사람들, 환불도 안 해주고 연락 끊긴 사람들 등 화제가 무궁무진했다.

부모는 자녀에게 쓰는 교육비를 아까워하지 않는다. 세금을 안 내고 물려줄 수 있는 유일한 자산이기도 하고 교육으로 나가는 것만큼 가치 있게 쓰는 돈도 별로 없다. 하지만 그만큼 눈 먼 돈이 많은 것도 사실이다. 말을 너무나 쉽게 하는 사람이 많은데 도움이 되지 않을 것을 알면서도, 의문이 들면서도 어쩔 수 없이 쓰게 되는 것이 교육비다. 때로는 불안 심리를 정확히 타격하는 사람을 만나면 그 사람이 전문가든 사기꾼이든 앞뒤 가리지 않고 돈을 쓰게 된다. 배고플 때 쇼핑하지 말라는 말이 있듯 마음이 불안할 때 컨설팅을 찾으면 사기꾼을 만날 확률이 높다.

실제로 자신의 자녀를 위해 지출하는 비용 중 일부는 상당히 비이성적 기준으로 소비한다는 것이 관찰되었다. SAT나 ACT 시험지 유출이나 불법적 운영 방식에 관한 유학 시장의 이야기가 끊이지 않고 있지만 매번 이슈가 되거나 경찰 조사가 시작되어도 변하는 게 없다. 한번 문제가 된 기관에 아무도 안 갈 것 같지만 시간이 얼마 지나면 또 사람이 모인다. 사기당했다고 신고해도 소용이 없다. 이름만 바꿔서 다시 영업을 할 뿐 그런 사람들은 사라지지 않는다.

유학 분야는 관련 법규도 미미하고 교육청이 관여하는 부분도 아니기에 소비자보호원도 도움이 되지 않는다. 그렇다 보니 미국 시민권자 가운데 한국에서 장사를 하다가 법규 단속을 피해 미국으로 가버리는 경우도 있다. 교육자를 가장해 나쁜 마음을 먹은 사람에게는 활동하기가 천국 같은 분야다. 아무리 똑똑하게 까다롭게 골라도 어려운 게 바로 교육 시장이다.

교육 업계의 끊이지 않는 사건과 피해의 반복. 도대체 왜 이런 일이 계속 일어날까? 유학 쪽 정보는 유학과 관련된 사람들에게만 제한되어 있는 경우가 많다. 게다가 그들은 정보를 잘 공유하지 않는다. 아이가 어릴 때는 사교 모임도 많이 하고 학원 정보도 서로 공유하지만 점차 학년이 올라가면서 정보를 공유하기에는 민감한 주제가 많기 때문이다.

친한 사람에게도 어느 학교에 합격했는지 쉽게 물어볼 수 없고, 지인의 자녀가 내 아이와 같은 학년인 경우에는 입시를 경쟁으로 여기게되어 연락이 뜸해지는 게 현실이다. 그렇다 보니 부모들은 하나라도 더 정보를 얻으려고 이리저리 뛰어다닐 수밖에 없고 발품 팔아 얻는 정보가 매우 소중하다. 부모들의 이런 심리가 유학 교육 시장을 움직이는 가장 큰 동력이다.

이러한 상황이다 보니 컨설팅 회사를 소개하고 공유하는 일도 매우 민감한 부분이 되어버렸다. 아무리 도움을 많이 받았다고 하더라도 다른 사람에게 추천하기 어렵고, 온라인 카페와 같은 공개된 자리에서 인증하기는 더 어려워졌다. 반대로 문제가 생겼을 때도 드러내놓고 알리기가 어렵다. 혹시 아이에게 피해가 가지 않을까 하는 걱정 때문이다. 이런 폐쇄성과 불투명한 분위기 때문에 유학 서비스 시장에서 무서운 줄 모르고 활동하는 사람이 많다.

그러나 이런 모든 상황이 비단 개념 없는 기관들만의 문제일까? 유학 시장은 반응형 시장이다. 애초에 정형화된 서비스가 없는 경우가 많아 소비자가 찾는 부분이 곧바로 서비스로 만들어진다. 문제는 대부분의 서비스가 용두사미이고 부르는 게 값이라는 데 있다. 소비자가 어떤 서비스를 찾으면 곧바로 그런 서비스가 만들어지는데, 준비가 안 된 선생님이 투입되거나 학부모의 불안한 마음을 이용해 수상 실적이나 프로젝트를 상품화하여 기대치를 한껏 높인 후 어마어마한 비용을 청구하는 식이다.

신중하게 골라보겠다고 컨설팅 회사에 실적을 요구해도 소용없다. 신생 회사인데도 불구하고 갑자기 웹 사이트에 지난 수년간 수백 명을 아이비리그에 보냈다는 기록이 올라 있다. 어떤 학원은 잠깐 상담만 한 학생의 대학 실적을 마치 정말인 것처럼 홍보하기도 한다. 매년 하버드와 MIT를 보냈다고 홍보하기도 한다. 정작 소비자는 그런 과장된 홍보 활동을 검증할 수가 없다.

소비자가 대회 수상을 원하면 수상을 개런티(보증)하는 서비스가 만들어지고, 기가 막힌 칼리지 에세이를 원하면 미리 써놓았거나 이전에 쓴 에세이를 재활용하는 방식으로 서비스한다. 전문가가 집중해서 몇 분만 보면 실적이라고 올라온 내용이 대부분 거짓임을 한눈에 알 수 있다. 그러나 소비자가 판별하는 데는 한계가 있다.

이렇듯 총성 없이 벌어지는 사교육이라는 전쟁터를 지켜보면서 근본적인 해결은 될 수 없겠지만 내가 세운 결론은 하나였다. 유학 시장을 대표하는 어드미션 컨설팅 회사가 없는 우리나라에 유학 지표를 대표할 만한 기준점을 제공하는 컨설팅 회사를 만들자는 것. 과연 어드미션 컨설팅이 우리나라에 필요한가? 그리고 그것이 다른 서비스와 독립적으로 운영될 필요가 있는가? 대답은 Yes였다.

유학 시장은 많이 변하고 있었다. 과거에는 미국 전역으로 퍼져 있던 유학 인구들이 도피유학이라는 오명을 쓰기도 했고, 관리형 유학이나 ESL 어학연수 같은 파생상품도 많았다. 그러나 이제는 유학 시장의 거품이 상당히 걷히고 제대로 된 커리어를 위해 조직적으로, 전략적으로 준비하지 않으면 얻을 수 없는 최상위 명문대 입학이라는 트렌드가 생긴 것이다.

이런 상황 속에서 적어도 똑바로 운영하는 곳, 바른말을 하는 곳, 객관적 기준을 제공하는 곳이 우리나라에 하나쯤은 있어야 한다. 다른 것은 몰라도 특히 교육은 공장처럼 찍어서 상품을 생산해낼 수 있는 분야가 아니다. 개인의 니즈가 다른 교육 세계에서 내 가족의 주치의처럼 장기적인 안목을 가지고 상세 플랜을 함께해줄 전문 기관을 세우자는 결심이 섰다.

04

어쩌다 대표

처음부터 회사를 설립하려던 것은 아니었다. 아니 안 하고 싶었다. 온종일 일하고도 모자라 매일 두꺼운 자료집을 집에까지 들고 가서 커리큘럼과 프로그램을 연구하기도 바빴다. 회사 운영은 전혀 계획에 없는 일이었다. 회사를 운영하려면 세금이나 관리 등등 머리 아픈 일이 산더미일 게 뻔하니 상상도 못 할 일이었다.

그런데 운명이었을까? 대일외고에 근무하던 중 환율대란이 일어났다. 치솟은 환율을 감당하지 못해 상당히 많은 학생이 대거 귀국하고 그 덕에 멀쩡하던 유학원이 속속 문을 닫았다. 도피성 유학이 판을 쳐서 거품이 많던 유학 시장이 처음으로 재정비되고 있었다.

내가 소속되어 있던 미국 회사는 미국 이민 사회에서 유서 깊은 기관이었지만 재정 불안과 M&A 시도로 만신창이가 되어 있었다. 나를 한국으로 불러들인 회사와 제3의 중재 역할을 했던 언론사까지 모든 MOU의 주체가 급격히 흔들리기 시작했다. 급기야 회사에서 월급이

중지될 수 있다는 공지도 받았다. 대일외고 계약 만료일까지 6개월도 더 남은 시점이었다. 결단이 필요했다.

어차피 결정은 내가 내리는 것이 아니었다. 이미 한 학년 학생들을 맡은 이상 그 아이들의 결과를 보지 않고 중간에 그만두는 것은 카운슬러로서 해서는 안 되는 일이었다. 대학 입시를 반년 남겨둔 아이들에게 엄청난 혼란을 불러일으킬 것이기 때문이다. 월급과 상관없이 이 아이들을 끝까지 돕기로 했다.

그때 가졌던 책임감은 훗날 독립 카운슬러로 전환할 때와 회사를 운영하면서 수없이 부딪혔던 어려움 속에서도 나를 지탱해주는 철학으로 남았다. 그 후로도 나는 학생의 상황과 나의 수익 둘 중에서 하나를 선택해야 하는 시험에 들 때마다 단호히 카운슬러로서 현명한 판단을 내릴 수 있었다.

불안한 상황 속에서 대일외고 계약이 끝났고, 나는 사무실도 브랜드도 없는 프리랜서 카운슬러 Private Counselor 생활을 시작했다. 다른 유명 외고와 국제학교에서 스쿨 카운슬러 자리를 주겠다고 했지만 교육 업무보다 행정 업무가 훨씬 많은 학교로는 돌아가고 싶지 않았다. 다만 외고에 근무할 때부터 도움의 손길을 요청한 사람들의 문의가 계속되었고 내가 끝내야 할 일이라고 생각했기에 도전해보고 싶었다.

이런 나의 의견을 받아들여준 한 유학원에 합류하게 되었다. 그때만 해도 유학은 유학원이 유일한 상담처였다. 2000년대 들어서면서 유학 붐이 크게 일어나다가 리먼 사태로 잠시 기세가 주춤했지만 조기유학 열풍이 잠시 수그러들었을 뿐, 미국의 Top Tier 대학을 가고자 하는 수요는 전혀 줄지 않았다.

학교에서 학생들의 해외 대학 입시를 도와주는 것과 유학원에서 유학을 돕는 일은 크게 다르지 않았다. 공통적으로 느껴지는 것은, 한국에는 유학 컨설팅에 대한 제대로 된 서비스가 없기에 이것을 향한 니즈가 꾸준히 커지고 있다는 점이었다. 겉에서 보기에는 정보가 많은 것 같은데 정작 칼리지 카운슬러가 없음을 알려주는 대목이기도 했다.

유학원에서 다양한 학생들과 만났다. 외국어고등학교 학생들의 진학을 도울 때와 마찬가지로 유학원을 찾는 학생들의 면면도 훌륭했다. 외고와 자사고, 민사고, 과고 등 국내에서는 공부깨나 하는 학생들이 가는 학교라는 스펙과 부모의 전적인 관심과 지원 등이 더해져 유학원의 위상도 높아졌다.

처음에 혼자 시작한 팀에 팀원이 계속 붙을 정도로 업무량도 늘어났다. 당시 결혼 후 아이를 출산하게 되었는데 산후조리원에서 아이도, 내 몸도 돌볼 틈 없이 일했다. 어느 공휴일에는 모든 아기를 부모들이 다 데려갔는데 우리 아기만 신생아실에 있다며 간호사가 찾아오기도 했다. 그만큼 맡은 아이들과 관련한 업무가 1순위였고, 일하느라 시간 가는 줄 몰랐다.

당시 일하고 있던 유학원에서 내 포지션은 꽤 견고했지만 업무 분담에 관한 고민은 날로 깊어졌다. 솔직히 말해 유학원은 컨설팅 위주로 할 수 없는 구조였다. 순수하게 컨설팅에만 집중하기에는 환경의 제약이 있었다. 고객들의 마인드도 여전히 제자리였다. 학생의 학업관리나 어드미션을 전문으로 하는 컨설팅 업무만 한다고 해도 우리에게 요구하는 사항은 늘 전방위였다. 비자와 홈스테이처럼 상관없는 부분까지 처리해주기를 바랐다.

아무리 설명해도 유학원의 구조상 인식을 개선하기 어려웠다. 컨설팅과 유학 업무는 분리되어야 한다는 내 생각에는 변함이 없었기에 그이상 함께하는 건 무리였다. 결단을 내릴 타이밍이라는 생각이 들었다. 월급 통장에 담긴 돈 얼마가 전부였는데도 제대로 된 컨설팅 프로그램에 대한 고민과 열망은 사라지지 않았다. 지체하기에는 시간이 너무 아까웠고, 어차피 할 거라면 한시라도 빨리 시작하는 게 맞았다.

결단을 내리고 회사를 나와 새롭게 얻은 사무실에서 업무를 시작했다. 자본금 0원, 창업 멤버는 나와 함께 일하던 직원 한 명이 전부였다. 회사명은 '인사이트컨설팅'으로 정했다. 인사이트라는 회사명은 예전에 잠깐 다니던 교육 회사에서 회사명을 공모했을 때 제시했던 아이디어다. 상당히 진심이었고 마치 나의 회사 이름을 짓는다는 생각으로 3일 밤낮을 고민하고 주변에도 물어보고 하면서 지었던 이름이다. 하지만 너무나 쉽게 거절당했고, 회사는 직원들의 아이디어가 아닌 경영진의 의도대로 사명을 지었다. 그때는 상처였지만 오히려 그게 전화위복이 되어 내 회사의 이름이 되었다. 인생 참 모를 일이다.

인사이트컨설팅은 내가 아는 한 국내 최초로 해외입시 어드미션 전문 컨설팅 회사로 시작했다. '내가 아는 한'이라는 단서를 붙인 것은 워낙 업계에서 최초가 난무하고 공식적인 타이틀을 얻을 장치가 없어서다. 자부심은 있었다. 다른 곳과는 달리 입시 컨설팅만 전문적으로 하겠다는 자신감과 패기가 있었다. 처음에는 책임감 때문에 이미 기존에 관리하고 있던 학생들이 끝까지 대학 가는 것만 보고 그다음을 생각해보자고 생각했다. 광고는 할 엄두도 못 냈다.

외고에서 잘나가던 스쿨 카운슬러였지만 독립했을 때 과연 몇 명이나 나를 기억하고 알아줄까 하는 데까지는 확신이 없었다. 하지만 자신 있는 건 한 가지 있었다. 적어도 나에게 맡겨진 학생을 절대 실망시키지는 않을 거란 점이었다. 어떤 사람에게도 없을 추진력과 책임감, 그리고 인사이트가 있다는 주문을 걸고 통장에 있던 그간의 월급 저축만큼만 일해보자고 결심했다.

누누이 얘기했듯 어드미션 컨설팅만 서비스하는 회사가 전무했던 터라 그 부분을 특화해야 했다. 그러려면 기가 막히게 컨설팅을 해주어야 했다. 자신은 있었다. 미국에서부터 비슷한 업무를 해왔고 한국에 와서도 수년간 나름의 노하우가 나에게 있으니까.

두 사람으로 시작한 회사였기에 둘이 감당할 업무량도 어마어마했다. 어떻게 하면 학생에게 도움이 될 수 있을지 고민하고 또 고민했다. 중요한 것은 아이가 가장 잘할 수 있는 분야를 찾고 그쪽으로 발전해나갈 수 있도록 방향을 이끌어주는 학교를 찾는 것이었다.

솔직히 외국 학교는 차고 넘쳤다. 한국도 학교가 적지 않지만, 외국 학교는 한국에 비해 양적으로나 질적인 면에서 훨씬 다양하다. 그 다양한 경우의 수에 가능성을 두고 넓게 찾아보는 것이 카운슬러의 역할이다. 결정적으로 한국 학생들에게 맞는 정보가 따로 필요했다. 검색이나 분석을 할 수 있는 유명한 칼리지 프렙(자율 학습) 사이트는 많았지만 우리 학생들의 실제 진학 결과와는 확연히 달랐다.

다행히 미국에서 생활하며 대학원을 다니기도 했고 수많은 강의를 들으러 다니면서 캠퍼스를 경험했고, 교육 회사에서 브랜치 매니저로서 SAT 학원 운영과 컨설팅 업무를 했기에 학교에 관한 정보는 남보다 월등히 많았다. 또 한국에 와서 많은 학생의 유학 상담을 했던 경험까지 더해지니 일에는 확실히 자신감이 있었다.

이제는 한국도 '교육 주치의' 개념의 전문 카운슬러가 필요한 시대가 됐다고 생각했다. 그래서 학원처럼 오픈된 클래스에 학생을 맞추는 것이 아니라 철저하게 개인에 초점을 맞추어 움직이는 프라이빗 컨설팅 프로그램을 만들고자 했다. 처음에는 어떤 매뉴얼이나 기준표, 정리된 가격표도 없었다. 소비자의 수요도 없었다. 아직 상품이 제대로 만들어지기 전이니 찾는 사람이 있을 리 없었다. 하지만 나는 자신 있게 무엇이 필요한지 정의할 수 있었고 누구에게나 인정받을 만한 수준으로 키워내기로 결심했다.

소비자를 훈련시키고 설득하는 부분이 남아 있었지만 경쟁력 있는 프로그램으로 만든다면 반드시 될 거라고 확신했다. 어찌 보면 시장을 이끌어야 하는 상황인데도 망할 거라는 두려움은 없었다. 이미 확인하고 체감한 수요도 있었지만 만일 이 프로그램이 도움이 되지 않아 아무도 찾는 사람이 없다면 지체 없이 서비스를 닫겠다는 생각으로 움직였기 때문이다. 이 생각은 지금도 여전하다. 필요로 하는 사람이 없거나 프로그램의 질이 좋지 않다고 생각된다면 억지로 홍보할 게 아니라 끝을 내겠다는 생각이었다.

몇 명만 받겠다는 TO(Table of Organization, 일정한 규정에 따라 정한 인원)제도 운영과 함께 몇 가지 원칙을 세웠다. 유학원이나 어학원 업무를 절대 병행하지 않고 어드미션 컨설팅만 하겠다는 것과 롱텀 long term 프로그램과 원서 프로그램을 최고로 만들겠다는 것, 한번 맡은 학생은 끝까지 포기하지 않겠다는 것, 추가 요금은 받지 않겠다는 것, 교육기관인 만큼 어떠한 경우에도 윤리적으로 문제가 되는 방식으로는 운영하지 않겠다는 원칙 등이다.

회사의 수익 구조로만 보면 롱텀 컨설팅은 비용 부담이 크다. 컨설팅 기간이 짧은 학생일수록 솔직히 회사 입장에서는 유리하다. 평균적으로 2년에서 3년 정도 이상의 컨설팅을 받는 경우 그 학생의 연간 관리 비용은 1.5배 정도가 더 들어간다. 그러나 애초에 롱텀 컨설팅은 수익사업으로 디자인된 프로그램이 아니다. 그러므로 컨설팅을 받고 싶은 사람도 꼭 해야 하는 이유와 목적이 분명한 사람이 좋다.

사실 합격 실적을 늘리려면 미국 현지에서 운영하는 것이 여러 가지로 유리하다. 미국에서 대학을 보내는 것이 훨씬 쉽고, 한국 학생을 돕는 것이 결과적으로는 더욱 힘들고 어렵다. 회사를 경영하면서 미국 지사에서 운영하는 방법과 중국 시장에 진출하자는 많은 제안도 검토하지 않은 것은 아니다. 하지만 미국에서는 높은 인건비와 서비스 마인드 때문에 현지 인력을 채용했을 경우 한국 소비자의 까다로운 면면을 맞추기가 어렵다. 미국에서 진행한 컨설팅에서 도움을 못 받았다고 호소하는 사례가 계속 생기는 이유다. 그 문화를 모르면 절대 이해할 수 없다.

중국 쪽에서는 그동안 여러 차례 파트너로서 좋은 조건으로 제안을 받기도 했다. 중국 시장의 수요는 미국에 있을 때부터 일찌감치 알고 있었지만 선뜻 나서지 못했다. 왜냐하면 컨설팅의 공장화, 대량화 같은 문제가 발생할 것 같은 생각이 들었고, 무엇보다도 한국 학생들은 그들과 아시안 쿼터에서 서로 경쟁하고 있기 때문이었다.

같은 아시안 학생들이라도 중국과 인도, 베트남의 일부 고위층 자녀들은 여러 가지로 '넘사벽'인 아이가 많다. 미국 현지에서도 이름을 높이는 아이들은 주로 이쪽 아이들이고 이들의 유학 인구에 비하면 한국 아이들은 매우 소수 인원이다. 한국 아이들은 매우 똑똑하지만 아직 넘어야 할 산이 크다. 미국에 살 때 로컬에서 두각을 나타내는 아시안은 주로 중국, 인도, 베트남 아이들이었다. 물론 한국 아이들도 잘하는 아이들이 많았지만 수적으로 열세였고, 그들의 선전에 무척 배가 아프고 질투가 난 적도 많았다.

지금은 아니지만 한때 중국 아이들 때문에 한국 아이들의 입시 결과가 처참한 적도 있다. 그 나라 아이들도 나름의 컨설팅 시장이 있기도 하고 다들 입시에서는 잘되어야 하는 게 맞긴 하지만 그중 우리나라 학생들이 제일 잘됐으면 하는 마음이 있다. 이러한 마음이 있었기에 현지로 진출하기보다 한국에서 우리 학생들을 잘 관리하자는 마음으로 회사를 운영했다. 감사하게도 이런 진심은 학부모에게 전달되기 시작했고 점점 입소문을 듣고 찾아오는 이가 많아졌다.

회사를 법인으로 전환한 것도 전적으로 나의 의견이었다. 회사를 법인으로 전환한다니까 주변에서 극심하게 만류했다. 업계에서는 법인화한 곳이 거의 없고, 법인이 된다는 것은 회사 규모가 커질 수는 있지만 세금 문제 등 공적인 부분이 강화되는 것이기에, 굳이 그렇게 하지 않아도 된다면서 말리는 사람이 많았다. 그래도 나는 투명하게 경영하고 싶었다. 우리 회사를 찾아오는 손님이나 같이 일하는 직원들에게도 제도적인 보호장치와 믿음을 심어주고 싶었다. 그리고 훗날 내가 아닌 다른 사람이 운영하게 되어도 이런 정신과 원칙을 잘 지키는 사람이 운영해야 한다고 생각한다.

이러한 노력 덕분인지 회사의 이미지는 훨씬 좋아졌다. 동종업계에서 가장 세금을 많이 내는 회사지만 안팎으로 떳떳하기에 당당하게 업무를 추진할 수 있고, 그러한 당당함이 고객에게 더 강하게 드러나 컨설팅 비용에 명분을 더해주었다. 미국의 대학 관련 기관들이 신뢰도 높은 기업으로 추천을 받았다면서 연락이 오는 경우가 생겼고, 업계에서 각종 사건이 터지거나 하면 어떻게 알았는지 언론이나 수사기관에서 자문 요청이 들어오기도 했다.

보이지 않는 곳에서도 인사이트를 지켜보는 사람이 많아졌다. 여전히 우리 손을 떠난 학생들은 회사를 찾아오고 학교 소식을 전하며 좋은 선배가 되려고 애쓴다. 학부모님은 자발적으로 홍보 도우미가 되어 주변의 인재들을 소개한다. 첫째 아이를 맡기면 감사하게도 둘째 아이, 셋째 아이까지 맡겨주셨다. 이 정도로 인정받고 있으면 업계에서 성공한 셈이다.

기존 학생들 관리에 정신없던 차에 한 명씩 두 명씩 소개로 연락이 오고 한 명 한 명의 방문으로 회원이 계속 늘어났다. 그렇게 나는 어쩌다 대표가 되었다. 어쩌다 대표가 되어 운영하게 된 인사이트컨설팅은 매년 성장세가 꺾이지 않고 있다. 무엇보다 어드미션 분야에서 컨설팅으로만 승부를 걸고, 그 흔한 광고 하나 없이 입소문으로만 이 정도 성장한 것을 두고 모두가 기적에 가깝다고 하니, 어쩌다 대표가 된 건 참으로 축복이다.

05

도대체 컨설팅이 뭔데?

"대박!!"

이 말이 딱 어울렸다. '어떻게 저 아이가 명문 대학에 합격했지?' 학교에서는 난리가 나고 엄마들은 술렁였다. 우리 회사가 시작한 대학 컨설팅 프로그램은 초기부터 엄청난 파장을 일으켰다. 소문은 빨랐고 학부모의 발걸음은 분주해졌다.

본격적인 어드미션 컨설팅 전문 프로그램이 한국 유학 시장에서 자리를 잡기 전, 제대로 '관리'를 받고 '전략'을 써서 그 어렵다는 대학들에 합격을 이끌어내는 경우가 실제로 나오자 반응은 엄청났다. 그동안 유학원이나 어학원에서 입시 에세이 정도를 도와주는 것과는 차원이 달랐다.

물론 소비자 입장에서는 실체를 알기 어려웠을 것이다. 컨설팅 기관들의 특성상 대형화, 대량화하기 어렵고 유학 분야의 특성상 일반적인 마케팅 방식은 취할 수도 없었으며, 결국은 추천 위주로 상담이 진행되다 보니 아는 사람은 아는데 모르는 사람은 절대 알 수 없는 그런 프로그램이었기 때문이다.

그런데도 입소문이 나면서 컨설팅이 뭔지 들어나 보자는 사람들이 늘어났고 미처 준비할 새도 없이 손님들이 들이닥쳤다. 홍보활동도 못 했는데 앞다투어 미팅 약속을 잡고 상담을 의뢰했다. 어떤 사람들은 이제 유치원생, 초등학생인데 벌써부터 대학 이야기를 들어보겠다고 찾아오는 사람들도 있었고, 어떤 사람들은 아직 유학 생각도 없는데 한번 상담해보겠다고 찾아왔다.

광고도 내지 않는데 소개로 찾아주시는 것은 감사한 일이었으나 늘어나는 상담에 점점 우리 학생들과 보내야 할 시간이 줄어들게 되니 마음이 초조해졌다. 어느 특정 학교에서 대박 실적이 하나 나오면 그 학교 학부모님들이 꼬리를 물고 찾아왔다.

이제는 상담이 너무 넘쳐서 할 일을 제대로 못 할 정도가 됐다. 홍보가 매우 힘든 비즈니스라는 것을 알게 되었다. 드라마 〈SKY 캐슬〉이 한창 유행할 때에야 대학원 동기들이 이제야 내가 하는 일이 뭔지 제대로 알겠다고 말한 적도 있다. 내가 다른 전문 분야를 잘 모르듯이 그들에게도 이 분야는 감추어져 있었고 많이 궁금해했다. 그런데 문제가 있었다.

"그런데 선생님, 정확히 어떤 것을 도와주시는 거예요?"

상담을 몇 시간째 해도, 주말이고 저녁이고 열심히 설명을 해도 컨설팅에서 정확히 뭘 도와준다는 건지 이해를 못 하는 사람이 많았다. 그도 그럴 것이 컨설팅이라는 것이 어떤 이미지가 따로 있는 것도 아닌

무형의 서비스인 데다가 그때까지는 시장이 대중화하기 전이었으니 설명하기가 더 어려웠다. 아직까지는 사용자가 너무 적었고, 만족스럽게 프로그램을 진행 중인 고객이라고 해도 입시라는 묘한 긴장감 때문에 대놓고 누구에게 추천해줄 수 없는 상황이었다.

어떤 고객은 이미 컨설팅 진행 중인 학부모를 연결해 달라고 하셨다. 그러면 무조건 등록을 하겠다고. 하지만 학부모들이 자발적으로 소개하면 몰라도 프라이빗 컨설팅이 원칙이었던 회사 규정상 새로운 학생을 등록시켜보겠다고 기존 학생의 인적 정보를 내줄 수는 없는 일이었다.

물론 예전보다 인식이 나아지긴 했다.

"컨설팅이 도움이 될까요? 주변 지인이 컨설팅을 받아서 애가 엄청 좋은 데 갔다는데 그게 진짜일까요?"

나 역시 한 아이의 엄마인지라 맘 카페를 돌아다니다 보면 심심치 않게 이런 문의가 올라온다. 그러면 '전혀 쓸데없다. 해봤는데 도움 받은 게 없다'고 댓글을 다는 사람이 있는 반면에 '결과가 아주 좋게 달라졌다'며 조심스럽게 댓글을 다는 사람도 있다. 그걸 보고 있노라면 그래도 예전이랑 질문이 바뀌긴 했다 싶어서 웃음이 나온다. 불과 몇 년 전만 해도 소비자의 질문은 '도대체 컨설팅이 뭐예요?'였다. 컨설팅 자체를 모르는 이가 많았던 것이다.

그렇다 해도 컨설팅은 알려주기에 어려운 정보이기는 하다. 또 아이가 해야 할 일을 왜 컨설팅 받는지, 그건 아이를 망치는 일이라며 전부 혼자 해야 한다고 주장하는 부모님들 때문에 컨설팅이 오해를 받기도 한다. 아이가 다 할 수 있는 것을 쓸데없이 도와준다고 강하게 믿기 때문이다.

이에 대한 오해를 풀어야 했다. 컨설팅은 필요한 정보를 알고 최선의 선택을 할 수 있게 돕는 기구다. 어른들도 컨설팅을 받는다. 재무, 회계, 투자, 부동산, 법률 등 중요한 결정을 할 때 전문가를 찾아가서 자문을 구한다. 인터넷에 모든 정보가 나와 있고 시간 내서 찾아보면 혼자 처리할 수 있다. 그래도 그렇게 하지 않는 이유는 무엇일까?

시행착오를 하고 싶지 않기 때문이고 하나하나 배워서 하기에는 기회비용과 시간이 아깝기 때문이다. 가진 것이 많은 사람일수록, 지킬 것이 많은 사람일수록, 또 바쁜 사람일수록 우리는 많은 결정을 전문가에게 의존한다. 그것을 단순히 능력이 부족해서라고 말할 수는 없다. 아이들의 상황도 마찬가지다. 일단 필요성에 공감대를 형성하는 게 우선이었다.

그래서 우리가 하는 컨설팅을 최대한 공감할 수 있도록 설명했다. 모든 것을 다 해주고 만들어주는 것이 교육적으로 도움이 안 되니, 힘들고 성과가 덜 나더라도 결국은 아이가 혼자서 해야 한다는 주장에 숨겨진 오해를 풀어갔다.

첫째, 컨설팅에서는 아이가 해야 할 일을 대신 해주지는 않는다. 숙제를 대신 해주거나, 에세이를 대신 써주거나, 논문을 대신 써주지 않는다. 만약 그렇게 생각하고 있다면 안타깝게도 컨설팅을 가장한 이상한 업체를 만난 것이거나 부모의 가치관이 잘못된 경우일 것이다. 요즘 들어 사회 전반에 걸쳐 큰 사건도 많이 일어나고 있는데 그건 절대로 해서는 안 되는 일이다.

컨설팅에서는 아이가 혼자서는 할 수 없는 것들을 도와준다. 수많은 중요한 결정에서 합리적인 판단을 내리도록 범위를 좁혀주고, 시행착오를 할 수 있는 부분을 미리 알려주어 예방하게 한다. 학교 공부나 시험 성적의 수준을 높이고 싶을 때 전략과 도움을 줄 수 있는 다른 인프라를 소개하고, 시간을 허투루 쓰지 못하도록 효율적으로 계획을 짜고 움직이도록 한다. 전공과 관심사를 연결하고 자신에게 맞는 커리어 루트를 개발한다. 아이디어와 스토리를 확장하도록 도와준다. 이 모든 것을 아이 혼자서는 하기 어렵고 부모도 돕기 힘들기 때문에 그 역할을 해주는 것이다.

둘째, 지금 세대가 요구하는 커리어를 개발하도록 돕는다. 어른들이 대학 가던 방식과 지금 커리어를 개발하는 방식이 달라졌다. 예전에는 공부만 열심히 하면 모든 것이 해결되었다. 하지만 지금의 아이들에게는 너무나 많은 옵션과 선택과 방향이 있다. 조그만 구멍가게에서 내가 사고 싶은 물건을 그냥 집어 오기만 하면 되는 것이 어른들의 방식이었다면, 지금 아이들은 대형 마트에서 층마다 섹션마다 흩어져 있는 물건을 일일이 비교하고 찾아서 쇼핑하는 방식이다. 결정 장애가 안 생기기 힘든 시대이기에 컨설팅으로 그 선택을 돕는 것이다.

셋째, 더 높은 성과를 내는 것이 컨설팅의 역할이다. 성과가 덜 나더라도 괜찮다는 생각은 부모의 의견이지 자녀의 의견이 아니다. 게다가 성과에 연연하지 않는다 하면서도 원서 쓰는 시기가 임박하면 부모의 의견이 바뀐다. 당연히 아이들의 기준도 다를 수 있다. 그렇기에 고등학생 정도 되는 학생에게는 목표를 낮게 잡으라는 말이 더는 도움이 안될뿐더러 위로도 안 된다. 어떻게 하면 목표에 더 접근할 수 있을지 전략을 알려주는 것이 도와주는 길이다.

넷째, 장기적인 컨설팅이라는 차별점을 갖는다는 것이다. 사실 컨설팅 종류는 너무 방대하다. 논문 컨설팅, 원서 컨설팅, 이과 컨설팅 등 요즘은 모든 서비스에서 컨설팅이라는 이름을 붙이기 때문에 컨설팅 회사끼리 상대적 기준으로 비교하는 일은 현실적으로 매우 어렵다.

대학 준비 가운데 어느 한 부분만 도와주는 곳과 전체를 다 관리하는 곳이 있다. 이는 분명한 차이가 있다. 자신들이 커버하는 영역과 주력하는 서비스 부분이 달라서 어떤 학생에게는 원서 직전에 몇 달간 에세이를 도와주는 것이 컨설팅일 수도 있지만 우리 회사처럼 몇 년간 전체적인 장기 관리를 하는 곳도 있다. 따라서 컨설팅 회사끼리 상대적인 비교나 실적 차이를 이야기하는 것은 큰 의미가 없다. 내 아이에게 맞는 컨설팅 업체가 어느 곳이냐를 찾는 것이 더 중요하다.

"컨설팅을 해야 하는 진짜 이유는 아이가 합격하지 못할 만한 학교에 억지로 합격시켜주는 것이 아닙니다. 대학 준비 과정에서 아이는 엄청나게 성장합니다. 성인으로 가는 첫 관문이고 자신의 첫 커리어를 만드는 과정이지요. 이 중요한 시기에 최선을 다하지 못했다는 기억과 후회는 평생 갑니다. 결과가 만족스럽지 못한 데 따른 자책과 안타까움도 상당히 오래가고요. 그러니 많은 학생이 이 과정에서 모든 기회를 다 써보고 싶어 하고, 그렇게 노력한 기억이 앞으로 새로운 커리어를 준비하는 태도를 바꿔줄 것입니다. 저희는 그 즐거운 과정을 함께하고 있습니다."

어떤 컨설팅 회사는 대학 입시에서 에세이가 가장 중요하다고 하고, 어떤 회사는 논문이 가장 중요하다고 한다. 그러면서 우리 회사는 무엇을 중요하게 생각하느냐고 물어보시는 분이 많다. 아이러니하게도 나는 컨설팅 회사들이 강조하는 일체의 요소보다 가장 중요한 것은 학교생활이라고 말한다.

최상위권에 적합한 학생 중에 학교생활을 제대로 못 하는 학생은 없고 GPA가 안 좋은 학생도 없다. 어떠한 스펙을 쌓아도 학교에서 잘하는 것만큼 중요한 것은 없다. 따라서 우리 회사는 학생이 학교생활을 최대한 잘할 수 있도록 돕는 데 가장 많은 에너지를 쓴다.

이렇게 우리 회사만의 컨설팅 이유를 설명하기 시작하면서 회사와 서비스를 이해하는 폭이 커져갔다. 그동안 대학 준비가 원서 쓰기, 에세이 쓰기, 수속 등이라고 생각하던 컨설팅이 아니라 대학 준비 자체가 하나의 큰 교육 과정이며 커리어를 끌고 나가는 과정이라고 이해하는 이가 많아졌다.

컨설팅에서 소위 대박 성공을 친 아이들의 예는 사람들이 깜짝 놀랄 정도로 무궁무진하다. 성적과 수상경력, 봉사활동 등 사람들이 대략 알고 있는 일반적인 기준과는 전혀 다른 조건으로 명문 대학에 합격한 사례도 줄을 이었다.

학생을 가려 받아서 이룬 성과는 결코 아니다. 오히려 사업 초기에 우리 회사를 찾아온 아이들이 그리 유수한 인재는 아니었다. 성적만 두고 말하는 게 아니다. 학교생활이나 성적 등 모든 면에서 볼 때 오히려 평균 이하인 경우도 많았다. 그때만 해도 정말 다양한 형태의 유학이 존재했기 때문에 아이들의 성적이나 실력 차이도 다양했다. 더구나 사업 초기에는 우리 회사가 독립적으로 운영한 게 아니라 유학원과 협업했고, 그 유학원에 소속한 아이들을 관리하는 역할이었기 때문에 학생 모집 권한이 전적으로 있었던 것이 아니었다.

가장 어려웠던 점은 초기에 컨설팅에 대한 인식이 지나치게 문제 해결 쪽에 초점이 맞추어져 있었다는 것이다. 예를 들면 아이의 GPA가 갑자기 심각하게 떨어졌다거나, 학교에서 어떤 사건에 휘말렸다거나, 전학을 가야 하는 상황 등. 이런 식으로 어떤 전문적인 도움이 필요해서 오는 이가 많았다. 학교생활에 아무 문제가 없는데 왜 컨설팅을 받느냐는 인식이 강했고, 학교에서 알아서 진학을 잘 지도해줄 거라는 믿음을 가지고 있었던 것 같다.

그러니 컨설팅을 고려하지 않고 있다가 갑자기 문제가 생기면 그때 찾아와 해결을 부탁했다. 그러라고 만든 컨설팅 프로그램은 아니었지만 우리 회사 이력에 도움이 안 된다고 내치기보다는 전방위로 도우면서 어려운 상황을 풀어나가 하나하나 성공시켰다. 상처 입고 힘들었던 아이들이 결국 좋은 학교에 입학하게 되니 기쁨이 컸다. 대학 합격 실적은 학부모가 큰절을 할 만큼이나 잘 나왔다.

좋은 인재를 받는 게 아니라 좋은 인재로 만들어가는 노력을 기울였다. 하지만 그것은 내가 애초에 생각했던 프로그램은 아니었다. 롱텀 어드미션 컨설팅은 문제를 해결하는 곳이 아니라 문제가 생기기 전에 예방하려고 움직이는 것이 핵심이다. 문제가 생기지 않도록 미리 움직이는 것이 목적이고, 문제가 최소화된 상황에서 전략을 써서 합격률을 높이는 것이다.

롱텀 컨설팅이란 2년 이상 입시를 준비하는 중장기 프로그램을 말한다. 하지만 초기에는 인식이 부족했다. 게다가 상상을 초월하는 여러 상황이 존재했고 유학 시장과 유학 소비자에게는 아직 문제에 유연하게 대처할 준비가 되어 있지 않았다. 사실 회사 브랜드의 가치를 높이자고 했다면 그때 그런 문제를 안고 있는 학생들이 아니라 매우 선별된 학생 위주로 받았어야 했다.

학부모들은 상담을 올 때마다 여기는 일 년에 하버드를 몇 명 보내는지 묻고 그게 비현실적임을 알면서도 광고 전단에 그런 실적이 찍혀 있는 곳을 좋아했다. 기본적인 GPA도 올릴 능력이 부족해 어려움을 호소하는 학생을 붙잡고 있었으니 단기적으로 가시적인 실적이 나올 리가 없었다. 하지만 지금이나 그때나 변함없이 생각하는 사실은 절대 학생을 골라서 받아서는 안 된다는 믿음이다.

때를 기다리기로 했다. 시장에서 교육 소비자의 인식이 개선되기를, 그리고 우리 프로그램을 이해하는 정도가 높아지기를 우직하게 기다리면서 프로그램을 개발하기로 했다. 농사짓는 농부가 수확물이 내년에 나올지 후년에 나올지 모르는 것과 같은 상황이지만 반드시 전문적인 프리미엄 컨설팅이 곧 탄생하리라고 믿었다.

처음에는 회사를 신뢰하지 못하는 분도 많았다. 당연했다. 일단 처음 시작하는 회사인 데다 기존의 유학원이나 어학원이 제공한 컨설팅이 지닌 한계 때문에 고객이 받은 상처가 있었다. 우리도 마찬가지라고 생각했던 것 같다. 처음엔 신경 써주는 척하다가 결국엔 흐지부지되는 거 아닌가, 컨설팅만 해준다더니 학원 수업과 연결 지으며 비용을 청구하는 건 아닌지, 수준에 맞지 않는 학교로 지원하거나 학교에서 원하는 자격 조건에 맞지 않는 관리를 하는 건 아닌지, 학교의 커리큘럼 연구가 제대로 안 된 것은 아닌지 등등 의심하는 시선은 모두 이해가 되는 항목이었다. 많은 학부모의 이야기를 듣고 상담 사례를 들어왔기에 그 점은 충분히 이해하고 접근했다.

믿어 달라고 아무리 말해봤자 소용없음을 알았기에 몸으로 보여주자 생각하고 전투적으로 일했다. 2009년에 브랜드를 시작하고 2013년에 법인으로 전환한 인사이트컨설팅은 그 이후 한 해 한 해 성과를 내면서 업계에 알려지기 시작했다. 컨설팅만 하는 회사이며 롱텀으로 아이들을 장기관리 해준다는 점, 최선을 다하는 서비스로 최고의 성과를 내고 있다는 점이 전해진 것이다.

그러면서 신기한 현상이 생겼다. 회원을 골라 받은 것도 아닌데, 시간이 지날수록 극상위권 학생들이 찾는 곳이 되어간 것이다. 롱텀 위주로 컨설팅을 특화해서인지 시간을 두고 잘 관리해서 유학을 가겠다는 비전을 지닌 학생들이 모였고, 좋은 이미지도 형성되었다.

"인사이트는 웬만큼 잘하는 애들 아니면 상담도 못 받는다더라."

잘하는 애들만 모이는 곳이라는 이미지가 나쁘지 않았다. 본래 유학 컨설팅 시장의 수요가 늘어나고 있지만 롱텀으로 컨설팅만 한다면 정성과 시간이 필요하기에 정해진 인원만 관리할 수밖에 없었다. 그렇다 보니 인원은 정해진 수만큼 받게 되고 서비스는 더욱 개인에 맞춰졌다. 개인 맞춤형 집중 관리에 들어가니 당연히 수준이 향상되고 좋은 결과로 이어졌다. 그것을 보고 또 상위권 인재들이 몰려오는 순환 구조가 형성된 것이다.

상위권 인재들인데 컨설팅이 왜 필요할까 생각할 수도 있겠으나 그들이야말로 컨설팅이 절실하다. 세계적인 스포츠 선수인 타이거 우즈, 김연아, 박세리 선수와 같이 최고 실력을 갖춘 인재에게 오히려 최고의 코치와 감독이 필요하다. 0.01점이라도 더 올리기 위해서다. 나중에 이 0.01점이 승부를 가를 수도 있기 때문이다.

우리 컨설팅을 찾는 아이들도 비슷하다. 그들이 지닌 잠재력은 차고 넘친다. 이는 0.1% 인재뿐만 아니라 모든 아이가 그렇다고 생각한다. 컨설팅은 그들이 지닌 잠재력을 잘 발휘하도록 미세한 차이를 만든다. 다만 일을 진행하면서 든 생각은, 이 세계를 모르는 이에게까지 널리 대중화시킬 필요는 없다는 점이다. 모든 학생이 컨설팅을 받는다고 성공하는 것은 아니기 때문이다.

컨설팅은 목표가 분명해야 한다. 또 그 목표가 실현 가능한지부터 알고 시작해야 한다. 결과에 대한 소비자의 이해도 명확해야 한다. 컨설팅 프로그램으로 아무리 좋은 서비스와 보조를 해도 소비자가 그것이 좋은 것인지 잘된 것인지 측정할 수 없다면 역시 불필요한 상황이 되기 때문이다. 이러한 모든 필요와 목적, 실행이 충족되었을 때 컨설팅은 드디어 빛을 발한다. 이러한 깨달음이 결과로 증명되면서 우리는 더욱 컨설팅을 특화해나갈 수 있었다.

06

프라이빗 입시 컨설팅의
프라이빗 서비스

떠들썩한 대박 실적을 몇 건 낸 이후에 상담 수요가 정말 많아졌지만 어느 순간 일반 상담과 회사 홍보 활동을 모두 중지했다. 신규 상담 비중이 너무 높아져서 기존 학생을 관리하기 어려울 정도가 되었기 때문이다. 비즈니스를 운영하는 오너로서 고민에 빠졌다. 관리에 집중할 것인가, 홍보를 해서 회사를 키울 것인가? 상담 수요가 너무 몰리는 것도 문제라면 문제였고, 기껏 만들어놓은 자료는 정말 짧은 시간에 다른 회사가 베껴 가기 좋은 수단이 되어 있었다.

'우선 지금 있는 학생들에게 집중하자.'

마음의 결정을 내리자 더 편해졌다. 회사의 매출을 올리고 성장하는 것도 중요하고 많이 찾아주는 것은 감사하지만 이러다가 기존 학생들에게 신경도 못 쓰고 시간만 낭비하는 상황이 벌어지겠다 싶었다. 비즈니스라면 기본적으로라도 해야 하는 바이럴 마케팅도 하지 않았고 그 흔한 브로슈어 같은 홍보물도 만들지 않았다.

그리고 두 가지 중요한 결정을 했다. 첫째는 경쟁 업체가 늘어날 때를 기다리자는 것이었다. 이상한 생각일 수도 있지만 차라리 우리 회사와 비교할 수 있는 다른 기관이 많으면 오히려 설명하기가 편할 것 같았다.

컨설팅 업체는 초기 진입 장벽이 그리 높지 않아서 너도나도 시작할 수 있는 비즈니스다. 그러나 시간이 지남에 따라 규모를 성장시키는데 엄청난 노력과 시간, 스트레스, 책임감, 사명감, 연구자적 기질, 바르고 교육적인 철학, 전략적인 대응이 수반되지 않으면 오래 버틸 수 없게 된다. 진짜만 살아남을 수 있는 구조인 것이다. 이런 시스템을 빨리 파악한 사람들은 애초에 돈을 더 벌 수 있는 SAT 학원 등으로 옮겨 가거나 당장의 이익을 위한 나쁜 생각에 빠지게 되어 있다.

매년 이 분야에서 최고 학력과 이력을 자랑하며 야심 차게 컨설팅 비즈니스를 오픈한 젊은 청년들도 1~2년 후면 이 벽을 넘지 못하고 슬그머니 없어지는 이유가 그것이다. 그래서 진짜 살아남는 이들과 진정한 경쟁을 해보기로 했다.

둘째는 외부 홍보 활동을 완전히 내려놓고 기존에 있던 학생들에게 모든 인적 투자를 감행하자는 것이었다. 매주 설명회를 하고 각종 온라인 홍보물 제작과 광고비를 쓰는 홍보 활동을 하면서 수없이 미팅을 잡고 상담을 해주는 방식은 회사의 역량과 비용을 엄청나게 소비한다. 컨설팅 비용에는 당연히 모든 물적·인적 비용이 포함되어 있고 소비자가 그 비용을 내고 있다. 나는 이 모든 예산을 내부 인력의 질을 강화하는 데만 쓰겠다고 결심했다.

어차피 이런 프리미엄 프로그램은 주변의 후기나 믿을 만한 추천 없이 결정하는 일은 드물다. 왜 광고를 안 하냐면서 이상하게 생각하는 학부모가 많았지만 우리 회사의 신뢰도를 보여주는 결과가 많이 나올 때까지 시간을 가지고 묵묵히 집중하자고 판단했다.

예상은 적중했다. 얼마 지나지 않아 등록률이 눈에 띄게 올라간 것이다. 사업 초기에는 10명 정도 상담하면 한 명이 등록하는 추세였다면 그 비율이 점점 올라서 2~3명 상담하면 등록자가 나오는 엄청난 등록률을 보였다. 감사한 일이었다. 온전히 학생들에게 집중하면서도 새로운 사례를 맞을 수 있는 상황까지 된 것은 대단한 발전이었다.

이와 함께 우리 서비스의 비공개적인 부분에 더욱 신경을 썼다. 입시 컨설팅에서 초개인적이고 초비밀적인 부분이 많다는 사실은 익히 알려진 바다.

"원장님, 정말 죄송한 말씀이지만 우리 아이 학교 학생은 더는 받지 말아주세요."

사업 초기에 한 학부모가 이런 말을 했을 때 귀를 의심했다. 회사에서 너무나 만족스럽게 서비스를 잘 받고 있던 학생의 어머니였는데, 자녀가 정말 경쟁이 센 학교를 다니고 있어서인지 같은 학교 친구가 오는 것을 지극히 경계하고 있었다. 처음에는 무리한 요구이고 회사 운영 차원에서 들어줄 수 없는 요구라고 생각했지만, 나 역시 학부모다 보니 그 학부모의 원색적인 요구가 충분히 이해가 되었다.

엄마에게는 아이에 관한 모든 것이 정보다. 꼭 입시 정보가 아니어도 학교는 어디가 좋은지, 학원은 어디가 좋은지, 교재는 뭘 써야 하는지, 중·고등학교 준비는 언제부터 하면 좋은지 등등 밤새도록 이야기해도 모자랄 만큼 알고 싶은 것도, 알아야 하는 것도 많다.

자녀가 어릴 때는 친하게 지내는 친구 그룹도 있고 비밀이 없을 정도로 가까이 지내면서 서로 정보를 교환하고는 하지만 어느 순간 아이들이 고학년이 되면 필요한 정보가 점점 구체적이고 세분화된다. 그러면 아무리 친한 사이여도 하나하나 더 묻기가 애매해지고 입시가 가까워지면 예민해서 서로 연락을 피하기도 한다. 별 뜻 없이 다 같이 하던 활동에서 친구가 상을 타거나 입시에 잘 활용하는 것을 보면 부럽기도 하고 배신감을 느끼기도 하는 게 입시의 세상이다.

상담을 하다 보면 어느 시점부터 더는 아이의 친구 학부모들과 교류하지 않는다고 말하는 학부모들이 진짜 많다. 마음이 불편해져서 차라리 안 만나는 것이 낫다고 했다. 직장에 다니는 엄마들의 고통은 더하다. 얻을 수 있는 정보가 더욱 제한되어 있기 때문이다. 그러면서 여기저기 학원 설명회에도 다니고 추천도 받고 하면서 독자적으로 정보를 수립해나가는 단계가 된다. 그러다 보면 웃지 못할 일도 벌어진다.

"원장님, 진짜 죄송해요. 제가 인사이트 정말 별로라고 했어요. 저희 아이 대학 갈 때까지만 그렇게 할게요. 누가 그렇게 말했다고 해도 놀라지 마세요."

인사이트에서 컨설팅을 받고 있다고 하니 주변 엄마들이 끊임없이 물어본다는 것이다. 어떤 활동을 하는지, 이곳이 어떤지 너무 많이 물어봐서 곤란할 지경이라고 했다. 그래서 그냥 오지 말라며 안 좋은 데라고 말해버렸다는 것이었다. 어이가 없고 황당했지만 이 또한 어쩔 수 없는 일이었다. 얼마나 걱정이 됐으면 그리했을까 싶고 뭔가 판단을 내려야 하지 않을까 생각이 들었다.

그러면서 대일외고에서부터 나를 괴롭혔던 고민이 다시 떠올랐다. 바로 같은 학교 학생일 때 커리어가 심하게 비슷하다는 것이었다. 거의 같은 커리큘럼에 비슷한 SAT 점수, 비슷한 클럽, 비슷한 봉사활동, 비슷할 것 같은 추천서까지. 그렇게 되면 사실상 경쟁력이 없었다.

이런 상황을 고려하면서 나는 과감히 TO제도를 도입하기로 했다. 같은 학교 같은 학년일 경우 2명만 제한해서 관리하기로 한 것이다. 드라마 〈SKY 캐슬〉에서 학생을 두 명만 받아 관리한다는 장면이 나오는데, 당시에 혹시 우리 회사를 벤치마킹했나 생각하기도 했다.

이 제도를 도입하면서 한편으로는 걱정이 많았다. 우리 회사처럼 홍보도 안 하는 곳에서는 대박 실적이 난 학교의 학생들이 소개를 받아 몰리는데, 두 명으로 제한해서 받겠다는 건 용기를 넘어 무리일 수도 있었다. 타 학교 학생들은 우리 회사의 존재도 모를 텐데, 이제 한고비 넘어 좀 살 만해졌는데⋯ 그런 쉬운 영업 방법을 버리고 가시밭길로 걸어가는 것은 아닌가 하는 두려움이 컸다. 이러다 더는 신규 학생이 없어서 망하지는 않을까, 직원들 월급을 못 주면 어쩌나 하는 걱정도 했었다. 하지만 찾는 사람이 없으면 문을 닫겠다는 절대적인 믿음을 바탕으로 초심을 지키기로 했다.

그러나 이런 결정은 훗날 엄청난 혜택을 가져왔다. 소수의 학생을 제대로 성공시키려고 내린 이 결정이 나중에 굉장한 나비효과를 불러

온 것이다. 다행히 여러 학교의 학생이 다양하게 오는 바람에 우려한 만큼 매출이 크게 줄지는 않았다. 마감된 학교와 학년은 추가로 상담을 받을 필요가 없다 보니 불필요한 상담 업무도 줄어들었다. 대신 엄청나게 유효한 데이터와 정보가 모이기 시작했다.

한 학생을 2년 이상 장기 관리하는 입장에서는 그 학교의 커리큘럼 특징, 성적을 내는 시스템, 수업의 강도, 심지어 특정 선생님의 수업 스타일까지 파악되었다. 그리고 이것이 다음 연도에 들어오는 학생들에게는 정말 유용한 정보가 되었다. 무엇보다 미리 계획하고 준비하는 우리 회사의 취지와 잘 맞았다.

또 학교별 혹은 특정 연도에 따라 대학 입학 실적이 어떻게 차이가 나는지 바로 비교할 수 있었다. 그해의 특정 학교 카운슬러가 어떤 정책을 취했고 그래서 어떤 결과가 나왔는지, 어떤 수업이 없어지고 어떤 수업이 생겼는지 파악한 덕에 엄청난 사례 연구를 할 수 있는 기회가 되었다.

우려했던 일도 생겼다. 컨설팅 시장이 폭발적으로 증가하다 보니 어느 순간 기관들의 경쟁이 치열해지면서 말도 안 되는 서비스를 약속하는 일들이 벌어졌다. 수상이나 입학을 보장하겠다는 업체부터 모든 것을 대행해주는 곳들이 생겼다. 또 컨설팅 회사에서 모든 것을 해주겠다는 듯이 홍보하여 소비자가 컨설팅을 받으면 마치 아무것도 안 해도 아이의 스펙이 엄청나게 올라가는 줄 알게 되었다.

입시에는 개런티라는 말이 있을 수가 없는데도 무책임하게 홍보하는 곳들이 늘었다. 항목을 이것저것 만들어 추가 요금이 붙으면서 컨설팅 비용이 천정부지로 올라갔다. 갑자기 컨설팅 시장이 요동을 치고 너도나도 모든 서비스에 컨설팅이라는 이름을 붙여 오픈했다. 이를 알 리 없는 소비자들은 점점 혼란스러워하기 시작했다. 우리 회사의 커리큘럼을 배워 기술을 유출하려는 시도도 여러 번 있었다.

주변에 이런 대책 없는 기관이 늘어나자 피해자가 속출했고, 그 마무리를 우리 쪽에 넘기려는 사람들 때문에 같이 고통을 받게 됐다. 또다른 난관이었다. 일부 학부모는 상상력이 지나치다 못해 현실감을 잃어 악마와 손을 잡는 모습도 여러 번 보았다. 한때 경쟁 업체가 생겼으면 좋겠다고 가볍게 생각했던 마음이 후회가 되었다.

설상가상으로 서비스 패러독스Service paradox 현상이 일어나기 시작했다. 이는 기업들이 고객 만족 경영을 내세우며 서비스 개선을 위해 많은 노력을 함에도 불구하고 소비자의 서비스 만족감은 과거와 비슷하거나 오히려 감소하는 아이러니한 현상을 말한다(서울대 이유재 교수님, 《서비스 마케팅》).

업체들이 앞다투어 과잉 홍보를 하고, '카더라 통신'으로 부풀려진 입시 실적들은 높은 기대수준을 넘어 시시비비의 원인을 제공하기도 한다. 10년이 넘는 기간 동안 컨설팅 서비스의 만족도를 높이고자 정말 많은 희생과 투자를 감행했는데, 주변에서 잘못 부풀려진 사람들의 말을 듣고 이 정도는 너무나 당연한 게 아니냐고 묻는 사람들을 만나면 기운이 빠질 정도였다.

2020년 초, COVID-19가 막 창궐하던 시점부터 상담률이 급격히 저조해지고 5월까지도 신규 상담 약속이 거의 잡히지 않아서 이렇게 끝나는 건가 싶어 사실 마음의 준비를 하기도 했었다. 그러나 잠시 멈칫하던 상담이 이후 다시 급격하게 늘더니 상담과 등록 비율이 거의 일대일이 되는 시점까지 올라갔다.

또 해외에서 유학 중이던 많은 학생이 국내로 들어와야 하는지 문의하기 시작했고, 국내에 있던 학생들은 이것이 오히려 해외로 나갈 기회인지 고민을 하기 시작했다. 바로 이런 타이밍에 우리는 가장 정확한 정보를 전달할 수 있었다. 대부분 한국 학생이 다니고 있는 학교는 컨설팅을 해보지 않은 학교가 없을 정도이고, 또 전학 시에 필요한 학교 정보를 대부분 파악하고 있었기 때문이다.

광고 하나 하지 않는 회사에서 이건 정말 놀랍고 대단한 일이었다. 이미 마음의 결정을 한 이들만 COVID-19를 뚫고 신속하게 자녀를 맡겼는데, 대부분 누군가에게 강력한 추천을 받거나 오랜 시간 회사의 실적을 지켜본 이들이었다. 그 덕분에 나를 포함한 우리 회사 카운슬러들은 COVID-19 기간 동안 더 효율적이고 실용적으로 업무를 하게 되었다. 또 회사 대내외적으로 매출이나 인지도는 훨씬 올라가는, 드물게 수혜를 입은 기업이 되었다.

모두가 힘든 시간이었지만 우리로서는 의도치 않게 유학 교육 시장과 소비자에게 제대로 평가받는 계기였다고 생각한다. 그동안 무자본으로 시작한 컨설팅 프로그램의 질을 끌어올리느라 수익과 점차 멀어지는 구조를 보면서 교육적 비전이 잘못되었던 것인가 고민하기도 했지만, 결국 이러한 판단과 정책이 옳았음을 확인받게 된 셈이다.

그렇기에 확실히 말할 수 있다. 입시는 현실이다. 우선은 컨설팅의 효과와 결과를 부풀리는 광풍에서 벗어나야 한다. 가끔은 컨설팅이란 것이 과연 필요한지에 관해 커뮤니티에서 여론이 형성되는 경우도 있지만 그럴수록 더욱 컨설팅을 찾는 사람들의 니즈가 거세졌다. 아무리 부정적인 트렌드가 있어도 오히려 그걸 기회로 삼는 사람도 많다. 차라리 컨설팅을 제대로 해 달라고 목소리를 내는 게 맞다.

어드미션 컨설팅은 해야 하는 이유(목표)가 명확해야 하고, 과정이 눈에 보여야 하고, 결과가 확실해야 한다. 또 결과를 측정할 수 있어야 한다. 이미 조건이 다 만들어진 학생에게 에세이나 부분적인 도움을 조금 제공한다고 해서 그것을 컨설팅이라고 할 수는 없고, 컨설팅 실적이라고 보기도 어렵다. 학생에게 명확하고 올바른 사례와 플랜을 제시할 수 있어야 하고 장단기 계획을 치밀하게 짜고 운영할 수 있어야 한다. 이런 요소가 빠져 있다면 컨설팅을 가장한 다른 서비스일 확률이 높다.

현재의 상황보다 더 나은 결과를 위해 컨설팅을 하는 것이다. 그렇지만 있지도 않은 것을 만들어주거나 대신 해주는 것이 아니라 어떻게 노력해야 하는지를 구체적으로 알려주어야 한다. 대신 해주는 것은 당장은 쉽다. 오히려 깨닫게 하고 할 수 있게 환경을 만들어주는 것이 더 어렵다. 학생에게 진정 필요한 건 후자다. 이런 조건을 만족시켜주려고 우리 회사는 엄청나게 많은 데이터를 쌓아 점점 더 정확해지는 유효한 정보를 만들고 있다. 바로 이것이 어드미션 컨설팅이다.

07

합격을 개런티해 달라고요?

어드미션 컨설팅을 하면서 처음에는 순위권을 정하지 않고 입시를 도왔다. 학생들도 워낙 다양했고 지원하는 학교의 범위도 넓어질 수밖에 없었다. 하지만 갈수록 상위 인재들이 모여왔고 그들을 위한 입시 전략을 집중적으로 세우게 됐다. 촘촘하게 채워지는 컨설팅을 바탕으로 Top Tier 대학을 공략하자 좋은 결과가 나왔다. 시간이 갈수록 상위권 대학 지원과 관련해 노하우가 견고해졌다.

자연스럽게 어느 시점이 되자 아이비리그를 포함한 미국 명문 사립 대학 30위권 내의 학교를 타깃으로 삼고 입시를 준비하고 결과를 내는 것이 회사의 목표가 되었다. 한국의 상위 0.1% 인재가 갈 수 있는 대학이라고 봐도 무방하다. 미국에는 수천 개 대학이 있고 정말 좋은 교육 제도가 많지만 그중에서도 Top Tier, 말하자면 아이비리그를 포함한 미국 명문대 30위권 대학과 그 조건에 준하는 영국, 홍콩, 싱가포르, 한국의 명문 학교가 이에 속한다.

물론 그 외의 순위권 학교 입시 컨설팅도 하지만 여러 해 진행하다 보니 미국 Top Tier 학교가 가장 적합한 목표치라는 것을 알게 되었다. 오히려 그 외의 순위권 학교 어드미션에는 컨설팅이 과하다는 느낌이 들었다. 이러한 기준을 정하게 된 데는 그간 경험한 미국 교육 시스템의 장점과 컨설팅을 하면서 얻게 된 나름의 통계 데이터 때문이다.

이렇게 목표가 확실해지면서 컨설팅의 방향과 속도도 달라졌다.

"선생님, 다른 학원에서는 다 지금 SAT 준비하는 게 빠르다고 하는데 이렇게 하는 게 맞는 걸까요?"

아이들의 SAT 시험 보는 시점을 무려 1년이나 당겨서 계획하고 진행하자 업계에서는 파란이 일었다. 그게 과연 가능하냐고 하면서도 실제로 가능한 사례가 속출하자 놀라워하면서도 따라오는 학생들이 꽤 되었다.

"선생님, 다른 데서는 이렇게 AP를 많이 들을 필요가 없다고 하는데 정말 이렇게 가는 게 맞을까요? 여기만 다르게 플랜을 짜주시는 것 같아요."

"상위권이니까요. 상위권이라 기준이 다르고, 상위권이라서 가는 길이 이렇게 힘든 겁니다."

여기에서 상위권이라는 범주는 미국 대학 랭킹 30위권 안쪽, 특히 15위권 안쪽을 주로 목표했을 때를 말한다. 이러한 학교는 속도전으로 나갔다. SAT 학원들조차 불가능한 계획이라며 회의적이었다. 그러나 시험 보는 시기를 단축해 시간을 벌고 GPA에 더 집중했다. 커리큘럼을 강조한 전략이 시너지 효과를 내며 믿기 힘든 결과들이 나오자 그제야 학부모들은 이해했다.

한국에서도 Top 수준 대학을 가는 학생들의 길은 다르지 않은가. 어쨌든 상위권 학생들의 전략은 다를 수밖에 없는 것이다. GPA를 더 중요하게 관리하고, 커리큘럼의 질과 목표치를 더 높이고, 시험 점수 기준을 더 높였으며, 시간을 더 효율적으로 써야 하고, 추천서에 적힌 문구도 달라야 했다. 상위권에 속한 아이들일수록 학원 갈 시간도 없었다. 시간을 다르게 써야 했다.

"너무 공부만 시키고 싶지 않아서 국제학교 왔는데 여기서도 또 이렇게 해야 하나요?"

자주 듣는 질문 중 하나지만 대답은 'Yes'다. 국제학교나 조기유학을 보낸 학부모들은 '한국의 주입식 교육과 입시 경쟁을 피해서 자유롭게 공부하라고 유학을 보냈는데, 대학 간다고 하니 한국처럼 똑같이 힘들게 공부시켜야 하는가' 이런 말을 자주 한다. 적어도 입시를 앞둔 시점에서는 그래야 한다. 지금까지 놀았어도 할 때는 해야 한다.

세상 어디를 가도 경쟁력이 있고 가치가 있는 곳에는 줄을 서게 되어 있다. 세계 최고 수준의 대학에 우리 아이가 갈지도 모르는데 그 정도 노력은 당연히 해야 하는 과정이었다. 만일 못 간다면 그것이 오히려 12년 이상 노력해왔을 우리 아이들의 피, 땀, 에너지에 대한 배신인 것이다.

입시를 앞두고 하는 노력은 명문대 합격이라는 세속적인 욕심 때문만은 아니다. 대학 잘 가려고만 공부하는 게 아니라 어느 대학을 가든 그곳에서 잘 받아들이려고 미리 공부하는 것이다. 어쨌든 준비해놓지 않으면 기회는 안 올 것이고, 기회가 왔다 한들 처음으로 진출한 사회라는 전쟁터에서 무기 없이 싸우는 것이나 마찬가지 아닌가.

"꼭 좋은 대학만 가야 하나요? 그냥 아이가 행복하면 좋은 거 아닐까요? 저희는 명문 대학에 욕심이 없어요."

이런 이야기도 많이 듣는다. 그런데 욕심이 없던 마음이 입시가 가까워질수록 노력과 기대로 바뀌고 곧 좌절과 후회로 바뀌는 모습을 많이 본다. 어떤 것이 정말 행복한 아이의 모습인지 생각해보게 된다. 아이의 목표를 지금 낮춰주는 것이 좋은 건지, 아니면 목표를 이루도록 도와주는 것이 맞는지는 각자 판단할 몫이다.

우리가 주 타깃으로 삼는 30위 정도의 명문 대학은 지금까지의 모든 것을 걸고서라도 도전할 만한 가치가 충분히 있는 학교들이었다. 내가 교육 현장에서 느꼈던 가장 큰 아쉬움, 그리고 롱텀 컨설팅을 하게 된 가장 결정적인 이유는 학생들에게 불과 몇 년 후의 미래를 미리 보여주는 게 어렵기 때문이다. 매년 입시를 치르면서도 같은 실수와 후회할 선택을 하는 학생들이 늘 있고 심지어 학부모들도 미래가 아닌 현실에서 지나쳐가는 문제에 집착해 판단 착오를 하는 경우가 있다.

나는 늘 사람들의 목표를 높이려는 역할을 하고 있다. 그것은 쓸데없는 불안감을 키우려는 것이 아니라 정작 자신이 최종 선택을 하는 위치에 섰을 때 더 많은 선택권을 갖게 해주려는 것이다. 명문 대학에 합격한 후에 갈지 말지를 고민하는 것이 좋지, 갈 수도 없는 조건이면 기회 자체가 없기 때문이다.

물론 상위권 학생들의 입시에 박차를 가하면서 초조해질 때도 있다. 한국의 외고, 자사고, 특목고 등이 점점 축소되는 사회문화적 트렌드를 볼 때 해외 명문 보딩스쿨과 한국의 국제학교 진학 비율은 갈수록 경쟁이 치열해질 것으로 예상된다. 그렇다면 미국의 상위권을 타깃으로 하는 국내파 지원자의 인원도 갈수록 늘어날 것이다. 수준이 비슷한 학생이 많다는 것은 서로에게 도움이 되지 않는다. 즉, 상위권 학생들이 제대로 일류 대학으로 진학하는 입시 결과를 받는 것이 모두에게도 좋은 일이 될 수 있다. 그러다 보니 웃지 못할 상황도 벌어진다.

"이 대학의 합격을 보장합니까? 개런티해주신다면 당장 등록하겠습니다."

이렇게 묻는 경우도 있다. 한국의 유학 시장은 개런티의 함정, 커다란 블랙홀의 한가운데 있다. 어찌나 사기꾼이 많은지 학부모들이 개런티를 해준다는 컨설팅에 호기심을 가지고 있다. 얼마를 내면 수상 실적을 몇 개 개런티한다는 얘기도 한다. 또 얼마를 내면 어느 대학에 갈 수 있게 해준다고 한단다. 얼마나 많이 속고 상처받았으면 그럴까 싶기는 하다. 하지만 세상일에 개런티는 없다.

"저희는 개런티를 해 드리지 않습니다. 그런 건 있을 수 없습니다. 다만, 최선을 다해 도울 수는 있습니다."

절대 매출을 올리자고 무언가를 개런티하지 않는다. 자신이 없어서가 아니다. 99% 승산이 있는데 혹시 모를 1%가 걱정돼서 개런티를 안 하는 것도 아니다. 그런 쓸데없는 말장난이 약속이 되고 결국은 그 학생에게 제한된 목표가 되어버리기 때문에 하지 않는다. 컨설팅에서 전문성을 가지고 확신을 주는 것과 개런티를 하는 것은 아예 다른 이야기다.

투자회사에서 일정 수익을 개런티받으려면 굉장히 안정적인 상품을 선택해야 한다. 약속을 지키는 게 더 중요한 문제이기 때문에 당연하다. 이 경우 이자나 수익률이 낮을 수밖에 없다. 반면에 수익률이 좋은 상품은 위험도가 높다. 입시나 수상을 개런티하게 되면 당연히 목표점이 낮아진다. 처음부터 무리한 설정을 하지 않는 것이다. 또 그 약속을 지킨다는 허울에 빠져 작품을 대신 만들어주거나 성적을 조작하는 등 범죄의 유혹에도 빠질 수 있다.

자신이 수상한 내역과 활동 실적도 모르는 안타까운 사례가 매년 속출한다. 컨설팅은 정확한 목표가 있어야 하지만 그 목표마저도 깨려고 하는 것이 컨설팅의 또 다른 면이다. 매년 그 목표를 깨는 아이들이 나온다. 개런티라는 말로 그 목표를 제한해서는 안 된다.

우리는 절대 개런티를 하지 않으면서도 내부적인 목표는 계속 올려 상위권 학교를 공략해나갔다. 시간적 우위를 점할 수 있는 전략을 짜고, 지나치게 방대한 활동 때문에 오히려 우선순위를 모르는 학생으로 보이지 않게 하려고 덜어내는 과정도 거치며 다듬어갔다. 또 다른 사례를 참고하되 각기 다른 기준을 선택적으로 받아들이는 것이 아니라 객관적이고 전체를 바라볼 수 있는 컨설팅을 제공한 것이다.

명문으로 가는 길은 멀고 험하다. 빨리 가는 길 따위는 없기에 포기하거나 목표를 낮추기보다 어떻게 하면 목표를 높일 수 있는지 방법을 연구하고 함께 실행하며 나아갔다.

08
보이는 컨설팅의 세계를 열다

나는 낙서의 힘을 믿는다. 대학생 때부터 본격적으로 쓰기 시작한 일기는 지금까지 자산이 되고 있다. 말줄임표 하나만 적어놓은 날도, 미주알고주알 내용을 많이 적은 날도 있다. 일기를 보면 그날의 감정이 느껴진다. 글에 힘이 있는 것이다.

나에게는 수년 동안 함께한 나만의 상담카드가 있다. 디지털화된 시스템이 있기 전부터의 습관인데, 바탕 없는 메모지에 학생 이름과 학년, 학교 등 몇 가지를 끼적거린 메모다. 이 단순한 메모의 힘은 실로 엄청났다.

하루는 컨설팅을 문의하는 전화가 걸려왔다. 유학이란 분야가 워낙 좁은 시장이다 보니 계약을 하기 전까지 신상을 밝히지 않으려는 경우가 가끔 있다. 그 마음을 모르지 않기에 굳이 캐묻지 않고 상담을 하던 중 번뜩 떠오르는 게 있었다.

"혹시 작년에 상담하러 오시지 않으셨나요? 자제분 전학 고민하고 계셨던… 그때 수학 매우 어려워해서 과목을 낮은 단계로 내리려고 하셨었죠?"

이 알은척에 저쪽에서 "어머, 어떻게 아셨어요?" 하며 놀랐다. 이런 경우는 비일비재하다. 보통 상담을 하게 되면 학생이 다니는 학교에서 현재 듣고 있는 과목, 성적 등등을 매우 자세하게 물어본다. 이는 칼리지 카운슬러로서 매우 필수적이고 기본적인 체크 사항이다.

상담을 왔을 때 그저 상품을 팔기 위해 우리 회사 홍보만 잔뜩 해대는 게 목적이 되어서는 안 된다. 왜 우리를 찾았는지, 그 사람이 정말 어떤 도움이 필요한지를 먼저 파악하는 게 우선이다. 이를 기반으로 이야기하다 보면 매우 자세한 내용까지 기억하게 된다.

수사기법에서 지문이나 DNA 같은 것이 사람을 식별하는 데 매우 중요한 기록이라면, 어드미션 컨설팅 분야에서는 학생의 커리큘럼과 인적사항이 그런 역할을 한다. 그렇기 때문에 상담을 조금만 해보면 이 학생이 다른 학생과 어떻게 다른지 금방 파악할 수 있고 절대적으로 질이 다른 상담을 하게 되는 것이다.

많은 경우, 상담을 받고 그 즉시 결정을 못 내렸더라도 이후에 언젠가는 다시 찾아온다. 그 당시에는 현실적인 조언을 받아들일 준비가 안 되었지만 시간이 지나 받아들일 준비가 되면 오는 것이다. 신기하게도 다들 비슷한 이야기를 한다.

"원장님 말씀이 다 맞더라고요. 그때 그 과목을 들었어야 했어요. 지금 후회를 많이 하고 있습니다."

나는 점쟁이처럼 뭘 맞히고 싶지도 않고 남의 어려움을 보면서 내

말이 맞았다는 걸 느끼고 싶은 것도 아니다. 그때 나의 상담이 진심이었다는 것만 알아주었으면 할 뿐이다. 안타까운 것은 머뭇거리는 사이에 흘러간 시간이다. 그래서 나는 회사 웹 사이트에 이런 글을 올렸다.

'어디에서 시작하셔도 인사이트컨설팅과 만나게 되어 있습니다.'

그간의 노하우와 경험을 토대로 자신 있게 마지막을 함께할 수 있다는 자신감과 책임감을 표현한 문구다. 그만큼 어드미션 컨설팅을 진행하면서 컨설팅의 골든타임을 놓치지 않게 해주고 싶은 바람을 담은 글이기도 하다.

컨설팅에 있어 사례별 경험치는 매우 중요하다. 의외로 많은 사람이 이런 기록의 중요성을 모르고 남겨둘 필요도 못 느끼지만 나는 좀 달랐다. 기록이 주는 유효함을 알고 있어서 일찌감치 현장에서 적용했고 큰 효과를 보았다. 결국 발품 파는 노력이 필요하다는 사실을 알았기에 초기 컨설팅 때부터 학교에 대한 정보란 정보는 세세한 것까지 다 모아서 데이터화했다. 이 데이터 속에 우리의 노하우와 노력, 정보가 담겨 있기에 함부로 공개하지 않고 소중히 다뤘다.

한번은 대학 입시 상담을 하려고 부모님과 같이 찾아온 학생이 있었다.

"지금 10학년이지? 어느 학교 다니고 있어요?"

"음…. 쌤, 학교가 어딘지 말씀 안 드리면 안 될까요?"

"응 그래, 괜찮아. 지금 어떤 과목을 수업으로 듣고 있어?"

"네. English, Algebra II, honors…."

"응, ○○○ High School 다니는구나."

"헐~ 쌤 대박! 어떻게 아셨어요?"

"학교별 커리큘럼 정도는 다 외우고 있지."

그때부터 그 친구는 마음의 빗장을 풀고 엄청난 고민을 쏟아내기 시작했다. 여러 곳을 상담해봤지만 이렇게 학교와 과목을 자세하게 많이 알고 있는 곳은 처음이라고 했다. 이러한 신뢰가 형성된 것은 학교별 정보가 비교할 수 없을 정도로 쌓였고 정교해졌기 때문이다.

이렇듯 상담카드의 내용이 쌓이면서 매년 미국을 포함한 해외 명문대학들과 국내외 중·고등학교의 데이터가 마스터되기 시작했다. 그 이후 수백 곳에 이르는 미국의 칼리지를 비롯해 캐나다, 호주, 유럽, 싱가포르, 홍콩 등 학교에 대한 데이터가 어마어마하게 쌓여갔다.

이러한 노력과 성장을 학부모가 먼저 알아차렸다. 유학 관련 컨설팅 의뢰가 왔을 때 커리어에 맞는 학교 리스트를 뽑아주고 앞으로 장기적인 관리에 따라 지원해볼 수 있는 학교 리스트까지 다양하게 제시하는 모습에 감동한 것이다. '상담이 다르다'는 말을 정말 많이 들었다.

그런데도 복병은 언제나 도사린다. 한번은 컨설팅을 받던 학생의 부모에게 이런 말을 들었다.

"선생님, 컨설팅으로 해준 게 뭐가 있죠?"

회사를 시작한 지 얼마 되지 않았을 때, 인생에서 들었던 가장 서럽고 서운한 말이었다. 초기에 유학 컨설팅을 의뢰했던 학생의 부모였는데 그 학생은 유학을 가서 적응하지 못했고 크고 작게 학교와 문제를 일으켰다. 그 과정에서 우리가 유학원 업무까지 떠맡아 학교와 계속 연락하며 문제를 해결해나가고 있었지만 마음이 불안하고 걱정이 많았던 부모님은 불과 몇 달 전에 해준 일도 기억을 못 하셨다. 나로서는 꽤나 마음의 상처가 되었다. 밤잠을 설칠 정도로 괴로워하며 생각했다.

'정말 우리가 컨설팅으로 뭘 해주었지?'

매 순간 열심히 한 건 맞는데 생각해보니 컨설팅을 통해 해준 것의 실체가 없었다. 본래 컨설팅이 무형의 것이라지만 순간 실체가 없는 컨설팅에 대한 한계가 확 와닿았다. 그래서 생각했다.

'보이는 컨설팅을 하자.'

적어도 무슨 서비스를 하고 있는지, 어떻게 시간을 계획하고 진행하고 있는지, 앞으로의 계획은 어떤지를 누구나 언제든지 볼 수 있는 시스템이 필요했다. 또 원하는 대로 맞춰주기만 할 것이 아니라 우선순위가 중요한 컨설팅 커리큘럼을 강력하게 정비한 후 주도해서 끌고 나가야 했다.

우리만의 데이터베이스를 구축하고 사례를 추적 관리할 수 있는 프로그램 개발에 들어갔다. 우리 회사에 맞춰서 프로그램을 개발한다는 것은 상당히 어려운 일이었다. 어떤 포맷이 있는 것도 아니고 기존의 툴은 맞지 않아 적용할 수도 없었다. 성실하고 신뢰도 높고 실력 있는 개발자를 찾는 일부터 시작해 기획안 작성과 진행 여부 체크까지 손수 다 진행했다.

"오늘도 전화했습니다. 하하. 매일 귀찮게 해 드리네요. 죄송해요. 그런데 다른 매니저들은 프로그램 수정 요구를 안 하나요?"

사실 교육용 테크놀로지 프로그램 개발이라면 이미 경험이 있었다. 미국 교육 회사에서 일할 때, 회사에서 자체적으로 개발한 학생 관리 프로그램을 쓰고 있었다. 플러튼 브랜치 매니저로 일할 당시 거의 매일 그 개발자에게 전화해 프로그램을 사용하면서 불편한 부분을 수정해 달라고 요청했었고 기능은 차츰 좋아지고 편리해졌다. 하지만 아무래 도 대기업이 아니었고 전문 개발자가 아니다 보니 프로그램 오류나 불편한 부분이 있을 수 있었다.

"다른 분들은 전혀 수정 요청이 없어요. 아이린 씨만 계속 요청하시 고, 사실 프로그램도 아이린 씨가 제일 열심히 사용하시는 거 같아요."

개발자의 이야기를 듣고 미안한 마음이 들기도 했지만, 한편으로는 다른 브랜치에서 있는 프로그램을 잘 사용하지 않는 것이 좀 의아했다. 불편한 점이 있는데 왜 개선을 요구하지 않는 것일까? 나는 비효율적 인 것을 싫어하고 불편한 것이 있으면 참지 않고 바로 개선하는 스타일 이기에 사용자로서 의견과 아이디어도 많이 주었다. 꽤 시간이 흐르고 나서 그 개발자분이 타 회사 개발자로 가게 되었을 때 나에게 특별히 연락했다.

"여기 있으면서 많이 배웠는데 특히 아이린 씨가 프로그램에 대해 많은 피드백과 의견을 주시는 바람에 저까지 도움이 많이 됐어요. 공부 도 많이 하고요. 기회가 없으면 해보지 못할 만한 기능도 연구를 많이 했네요. 고마워요."

그동안 많이 괴롭힌 게 아닌가 싶어 미안한 마음이었는데 다시 그 프로그램을 보니 처음보다 정말 많이 개선되어 있었다. '이런 좋은 경 험도 하게 되는구나. 불편함을 긍정적인 결과로 개선하는 노력이 이렇 게도 재밌는 일이었구나' 생각하게 됐다.

우리 회사의 학생 관리 및 데이터베이스 프로그램 이름을 'Insight Master'라고 짓고 비즈니스 특허도 따냈다. 나중에 기업부설 연구소나 여성기업, 벤처기업 등을 획득하는 데 근간이 되는 중요한 스타트였다. 개발사 및 개발자와 무려 8개월간 매일 아침저녁으로 회의하고 피드백을 반영하며 고통스럽게 진행시킨 결과였다.

인사이트 마스터는 모든 상담 데이터를 기록하여 분석하고 입시 결과에 대한 정보, 전 세계 학교의 커리큘럼과 전형, 한국 고교의 커리큘럼 등 모든 자료를 데이터베이스화하여 직원 모두가 공유하고 있다. 신속한 자료 업데이트는 물론 상담내용 분석과 자동화 시스템 등이 지금까지 유용하게 사용되며 컨설팅의 비효율적인 시간 소모를 최대한 줄여주고 있다.

인사이트 마스터는 보이는 컨설팅에 큰 몫을 담당했다. 우리 카운슬러들이 컨설팅을 할 때 주어진 데이터와 철저한 통계, 수치로 근거를 보여주기 때문에 이 프로그램에서 얻는 정보는 매우 유용하다. 무엇보다 최상위권으로 진학하는 학생들의 데이터가 정기적으로 계속 쌓이는 것은 어려운 일인데 그걸 우리가 하고 있었고, 이는 곧 다음 연도에 지원하는 학생들에게 매우 강력한 혜택이 된다.

또 학생 관리와 컨설팅 역시 데일리, 위클리 등 날짜별, 주별, 월별, 분기별, 연차별로 보고서를 제공하고 있다. 학부모에게 매일매일 뭔가를 결과로 보여주고 학생에게도 마찬가지다. 이 여파로 직원들의 업무량은 어마어마하다. 카운슬러의 일이 뭔지 모른 채 편할 요량으로 왔거나 돈을 벌 목적으로만 왔다가는 버티지 못한다.

다만, 진심으로 학생들을 위한 컨설팅을 하고 그 속에서 성과를 만들어내며 좋은 관계를 유지하는 것, 좋은 인재를 키워내는 일에는 충분히 자긍심을 느낄 수 있다고 생각한다. 이런 철학을 지닌 이들만 버틸 수 있고 그런 사람들이 모여 일하고 있기에 지금껏 꿋꿋하게 자리매김할 수 있었다.

"정말 인사이트는 학교 정보가 대단한 것 같아요. 하면 할수록 데이터가 무궁무진하다는 생각이 들어요."

칼리지 카운슬러로서 학교에 대한 최고, 최상의 정보를 가지고 있는 건 당연한 일이다. 하지만 여전히 2% 부족한 이 업계에서 우리는 최선을 다해 칼리지를 플렉스해나갔다.

09

데이터가 만들어낸
컨설팅 신화

손가락 끝이 가끔씩 찌르는 듯이 아팠다. 왼쪽 가운뎃손가락 지문 있는 곳이었다. 평소에는 괜찮은데 어쩌다 잘못 건드리기라도 하면 온 몸이 찌릿하도록 통증이 느껴졌다. 참다가 도저히 안 되겠다 싶어 병원을 찾았다. 미국에 있을 때였는데 우선 어느 병원을 갈지도 결정하기 어려웠다.

미국에서는 초진 비용이 꽤 많이 든다. 처음 갔을 때 초진 비용이 70달러 넘게 들었다. 대부분의 병원이 규모도 작았다. 초진 때 검사 결과는 항상 이상이 없었다. 아니 정확히는 무슨 문제인지 검사할 만한 장비가 충분치 않았다는 말이 맞을 것이다. 진료했던 의사들 대부분 원인불명이라며 정확한 진단도 내려주지 못했다. 크게 문제가 없을 거라고 해서 안심하고 왔지만 손가락 통증은 사라지지 않았고 불안하다가 괜찮다가 하는 날들이 반복되었다.

워낙 작은 부위여서 괜찮겠지 싶다가도 사라지지 않는 통증과 한번 뭔가에 부딪치면 죽을 것처럼 아파서 혹시 큰 병은 아닌가 하는 불안한 마음도 계속됐다. 하지만 하루도 시간을 빼기가 어려울 만큼 너무 바빴고, 혹시라도 수술을 하게 될까 싶어 겁이 났다. 괜히 일이 커질 것만 같은 생각 때문에 쉽게 행동하지 못했다.

한국에 파견 나왔을 때도 통증이 계속되어서 이제는 안 되겠다 싶어 대학병원을 찾아갔다. 검사를 받고자 해도 사실 어느 과에 가서 어떤 진료를 받아야 되는지 몰랐고 상담을 해주는 선생님들도 정확히 어디로 가야 할지 의견이 분분했다. 결국은 여러 과를 거쳐 검사를 하게 됐다.

그때 내 통증의 원인이 뭔지 알겠다는 교수님을 만났다. 교수님을 처음 만났을 때 "아, 이거" 하시면서 내 통증을 알아보시는 말씀을 들었을 때 느꼈던 안도감은 이루 말할 수가 없다. 전에도 같은 환자를 다뤄본 적이 있으신 분이었다.

"사는 데 지장은 없어요. 상처가 더 커지지도 작아지지도 않을 겁니다. 그러나 언젠가는 불편해서 나를 다시 찾아올 거예요."

교수님은 이렇게 말씀하셨다. 교수님 뒤에는 교수님의 말을 열심히 경청하는 전공의가 여럿 있었다. 여러 말을 하신 것도 아닌데 7년간 느꼈던 막연한 불안감이 모두 사라졌다. 간단명료하고 속이 시원했다. 나는 심각한 병이 아니라는 점에 안도하며 집으로 왔다.

교수님 말이 맞았다. 아이를 낳고 아이가 무심코 내 왼손을 잡을 때 나도 모르게 통증 때문에 아이의 손을 뿌리치는 것을 경험한 후로는 정말 안 되겠다 싶어 다시 교수님을 찾아갔다. 수술은 단 5분 만에 끝났다. 그 수술에는 또 여러 의사가 참관한 듯하다. 수술이 끝나자마자 이렇게 간단한 것을 도대체 왜 그렇게 불편하게 살았을까 하는 후회가 들었다.

컨설팅을 해본 사람을 만난다는 것은 이와 같다. 누군가 나의 복잡하고 불편한 상황을 한번에 알아봐주는 것이고 문제를 정확히 파악해준 것만으로도 엄청난 힘이 된다. 이미 앞서 성공한 사례가 있다는 것 또한 대단히 희망적인 이야기다. 아무리 훌륭한 의사라고 해도, 아무리 훌륭한 의료 장비가 있다고 해도 나와 같은 사례를 접해본 의사가 아니었다면 치료를 하더라도 나의 불안감은 사라지지 않았을지도 모른다.

어드미션 컨설팅은 사례와 데이터의 싸움이다. 복잡한 상황에 직면한 학생과 학부모가 내 사무실에 와서 울기도 하고 박수를 치며 공감하기도 하는 이유가 바로 여기에 있다. 나는 그 사례를 잘 알고 있기 때문이다.

"해볼 만한 것 같네요."

"다른 컨설팅에서는 안 된다고 하던데 그래도 해볼 만할까요?"

"네, 사례가 있습니다. 가능할 것 같아요."

10여 년 넘게 나를 봐왔던 클라이언트들은 말한다. 이연하 대표는 안 되는데 된다고 하는, 적어도 희망 고문하는 사람은 아니라고. 솔직히 학부모들은 수많은 달콤한 사탕발림에 질렸을 것이다. '아이가 똑똑한데, 아이가 남보다 빠른데, 조금만 시키면 될 것 같은데'라고 안심시키면서 동시에 불안하게 하는 말들 말이다. 그런 면에서 나는 달랐다. 정말 객관적인 데이터를 가지고 될 수 있는지 아닌지 확실하게 답변해 주고자 했다. 컨설팅은 현실 파악부터가 시작이다.

그래서 내가 된다고 하면 그건 진짜 되는 것이다. 사례에 근거했기 때문인데, 10년이 넘는 지난 세월 동안 인사이트컨설팅이 어떤 힘들고 어려운 사례라도 묵묵히 끝까지 일을 처리해낸 결과이기도 하다. 그 과정에서 정상적인 방법으로는 알 수 없는 노하우도 많이 생겨났다. 더 쉬운 학생으로 가려 받지도 않았다. 어려운 사례면 어려운 대로 가치가 있었다. 일은 복잡하고 힘들었고, 때로는 한 번도 시도해보지 않은 방법으로 시간을 써야 할 때도 많았지만 그러면서 사례를 다루는 회사의 스펙트럼은 훨씬 넓어졌다.

사람들이 오해하는 부분이 있다. 입학사정관 경력이 있는 사람이 컨설팅을 하면 무조건 유리하다고 생각하는 것이다. 하지만 입학사정관 경력이 있는 사람 중에서 실제로 어드미션 담당을 정말 오래 맡았다는 사람은 별로 보지 못했다. 대부분은 어시스턴트나 Reader Group(학생의 원서 서류를 모으고 기본 체크를 해주는 사람들)이었던 경우가 많다.

실제로 진짜 결정권을 가진 입학사정관을 오래 했던 사람이라면 원서를 많이 봤으니 어떤 학생들이 주로 뽑혔는지에 대한 의견은 줄 수 있다. 문제는 스펙이 워낙 화려한 학생들의 원서를 많이 봤어도 실제로 그 다양한 스펙을 어떻게 쌓았는지는 입학사정관이라고 해도 알 수가 없다는 점이다. 여기서부터는 정보가 아니라 진행이 문제다.

하버드에 입학한 학생이 있다. 학교에서 최고 수준으로 커리큘럼을 쌓았고 가장 좋은 성적을 냈다. 그 학교에서 가장 높은 수준의 과목도 들었고, 학교의 여러 클럽에서 캡틴을 했으며, 지역 봉사 센터에서 오랫동안 활동했다. 과학 올림피아드에서 최상위 성적을 냈고, 논문을 작성해서 로컬 리서치 대회에서 상도 받았다.

입학사정관들에게 이런 스펙 정도는 매우 평범한 수준이다. 그런데 이 학생이 학교에서 최고 수준의 커리큘럼을 어떻게 쌓았는지, 가장 좋은 성적을 내려고 어떤 노력을 했는지, 학교에서는 더는 수준이 맞는 수업이 없어서 어떤 노력을 했고, 누구와 어떻게 만나서 리서치를 작성했는지 등 세세한 부분까지는 알지 못한다. 올림피아드에서 최상위 성적을 내기까지 시간을 얼마나 썼고 어느 시점부터 준비했으며, 다른 학과목과 시간적으로 부딪힐 때 무엇을 우선했는지, 방학을 어떻게 보냈는지….

이런 모든 '찰떡같이 맞아들어간 운영의 묘'를 과연 입학사정관들이 알고 조언해줄 수 있을까? 입학사정관이 보는 모든 스펙은 결과일 뿐 과정이 아니다. 그들에게 좋은 성적과 스펙은 당연한 것이고, 그러한 결과를 위해 노력하다가 계획대로 안 되었을 때의 대안은 없다.

입학사정관 경력이 있는 분에게 결과를 알려주지 않은 채 블라인드로 여러 학생의 원서를 보여준 적이 있다. 그중에서 떨어진 학생은 찾아내지 못했다. 왜냐하면 요즘 최상위권 입시에서는 문제가 있는 학생이 거의 없기 때문이다. 문제가 있어서 떨어졌다기보다는 다른 지원자보다 더 튀지 않아서이거나 그 대학에서의 어떤 환경적인 요소, 예를 들자면 Legacy나 운동 특기자, 기부자, 특정 지역의 학생 등 그 대학에서 더 뽑아야 하는 우선순위 학생이 있었을 수 있다.

또 장학금 관련이거나 한 학교 학생을 균형 있게 뽑다 보니 떨어지는 등의 이유로 합격하지 못하는 경우가 많기 때문이다. 이러한 부분을 세심하게 살펴보고 과정을 수면 위로 드러나게 해주는 것이 우리의 역할이다. 그런 사명감으로 일했고 무조건 사례 중심의 객관적 데이터로 믿음을 주도록 했다.

우리 회사에서 좋은 사례가 많이 나오자 일을 배우고 싶다는 사람들이 모여들었다. 경력이 매우 화려한 분들이 지원하기도 했다. 직원을 뽑을 때 이미 컨설팅 경력이 있는 사람에게 가산점을 주지는 않았다. 오히려 마인드가 확실하고 태도 좋고 커뮤니케이션 소통 능력이 좋으며 실력도 갖춘 사람을 뽑되 기왕이면 컨설팅 경력이 없는 사람으로 뽑았다. 어드미션 컨설팅의 체계와 바른 기준은 우리 회사가 새로운 역사를 만들어나가고 있었기 때문에 다른 근무지에서 혹시라도 있을 수 있는 안 좋은 습관은 배제하려는 목적이었다.

가장 선호하지 않는 사람은 자녀를 일류 대학에 보낸 경력이 있는 학부모들이었다. 물론 멘토 차원에서는 귀한 말씀을 해주실 훌륭한 인재일 수 있으나 어드미션 컨설팅은 한두 사례에 의존하는 형태가 되면 안 되므로 플러스 요인이 되지는 못했다. 개인 경험에 의존하기보다는 훨씬 더 객관적인 눈으로 다양한 학생을 도와야 한다. 실제로 그런 학부모와 일해본 경험이 있는데, 자신이 알고 있는 자녀의 사례에 기준점을 두고 판단할 때가 많았고 더 다양한 상황에 처한 학생의 상황을 이해하기 어려워했다.

우리 회사에서 일하게 되면 사이드 잡이 아니라 풀타임으로 해야 하고 다른 영리 활동을 할 수 없다. 정기적인 회사 미팅에 계속 참여해야 하고 워크숍과 지속적인 교육을 통해 자기개발을 해야 하며 매주 위클리 리포트를 부모님에게 보내는 등 분기마다 실적 보고서를 만들어야 한다. 일을 열심히 하는지 안 하는지 굳이 체크하지 않아도 엄청난 업무량 덕에 서로 체크가 되는 구조이고, 교육 소비자의 만족도가 그대로 눈에 보이는 시스템이다.

매년 업무량을 줄여줄 수 없는지 호소하는 직원들도 있지만 그게 어드미션 업무의 현실이다. 미국을 포함해 해외 지사를 설립하고자 검토해본 적도 있기는 하지만 미국에서 채용되는 인력은 분명 한국의 빠르고 집약적인 서비스를 감당해내기 어려울 것이라고 판단했다.

컨설팅 업계에서는 흔히 영업비밀이라고 하는 기술 유출 시도도 잦은 편이다. 배워서 나가 차리겠다는 의도를 가지고 입사한 직원들도 있다. 능력 있는 카운슬러들은 교육 철학과 서비스 정신(비즈니스 마인드)이 딱 반반씩 있어야 하는데, 이 균형이 맞는 사람을 찾기가 매우 힘들었다. 교육 철학은 강한데 서비스 정신이 너무 떨어져 학부모나 학생을 불편하게만 만든다거나, 아니면 비즈니스 마인드만 강해서 일을 너무 사업적으로만 이해하고 돈만 벌려고 하는 등 한쪽으로 치우친 사람은 이 일이 맞지 않았다.

한국 교육계에서 안타까운 일 중 하나는 선생님들이 지속적으로 공부하고 연구할 수 있는 기회를 제도적·환경적으로 지원하지 않는다는 점이다. 미국의 명문 고등학교들은 선생님들의 석·박사 비율로도 확인할 수 있다. 심지어 그 학교 졸업생이 대학과 석·박사를 거쳐 다시 그 학교에 선생님으로 오는 경우도 많다. 수업의 질이 월등하게 좋아지는 이유이기도 하다.

우리는 카운슬러들이 다시 학교를 가고 공부하려는 노력을 적극 장려한다. 카운슬러가 성장해야 학생의 성장도 이끌 수 있기 때문이다. 또 우리 회사는 개인 카운슬러에게 의존하지 않는 것으로 유명하다. 처음 회사를 설립하던 당시 고민 끝에 아이린 리 원장보다는 회사 브랜딩에 더 힘을 쏟았다. 스타 강사나 이력이 화려한 개인의 역량만 의존했을 때는 학생에게서 나타나는 결과 차이가 매우 컸다. 한마디로 복불복인 셈이다.

아무리 카운슬러 한 사람이 뛰어난 역량을 가지고 있다고 해도 시스템이 아닌 개인에 의존했을 때 서비스의 질은 매우 유동적일 수밖에 없다. 카운슬러들의 잦은 이직이나 개인차가 심한 에세이 스타일 등도 학생들에게 큰 영향을 주는데, 더 중요한 입시를 맡기기에는 여러 가지 위험요소가 있었다. 그래서 우리는 데이터와 통계를 훨씬 더 우선시했다. 잘 아는 사례라고 해도 이전 사례와 비교하고 분석하는 작업을 끊임없이 되풀이했고, 아무리 경력이 화려한 사람이 들어와도 인사이트 컨설팅 시스템에 맞춰 재교육을 받아야 했다.

우리가 해야 할 가장 중요한 일 가운데 하나는 학생들에게 꼭 필요한 입시 관련 유효한 데이터를 확보하는 것이다. 관리하는 학생이 너무 많지는 않은지 걱정하시는 학부모님들도 있다. 그러나 '유효한 데이터'를 확보하려면 일정 인원수 이상을 유지해야 한다. 우리가 모으고 있는 데이터와 사례는 일반적인 다수 학생에게서 나오는 목적성 없는 수치가 아니라 타깃이 확실한 최상위권 보딩스쿨, 대학, 대학원 중심이다.

또 학생 숫자가 많은 것이 아니라 한 학생당 발생하는 일의 양이 많다. 이렇게 인사이트만의 데이터를 수집하다 보니 최상위 해외 명문대 진학을 위한 의미 있는 데이터가 쌓였고, 이는 결국 객관적 사례를 바탕으로 제공할 수 있는 귀한 정보 자산이 되었다.

10

칼리지 카운슬러는
학위가 없다

"아니, 그럼 과목 이름도 그렇게 중요했던 거군요? 저는 SAT라는 과목명이 성적표에 정식 과목으로 찍히면 아이들에게 더 도움이 될 줄 알았어요!"

엄청난 것을 발견한 듯 수화기 너머에서 높은음으로 말하는 사람은 학교 선생님이다. 정확히 말하면 영어 선생님인데, 그 학교에 카운슬러를 할 사람이 마땅치 않아서 그 업무까지 맡아서 하고 있다고 했다. 그렇다고 해도 미국 대학에 대해 아는 것도 별로 없고 특히 카운슬러의 역할은 더욱 생소하니 난감했을 것이다. 실제 한국에서 일하는 칼리지 카운슬러들의 경력은 평균 3년에서 5년 미만이며, 초임인 경우도 상당히 많다.

그 선생님과 내가 연결되었던 것은 우리가 컨설팅하고 있는 학생의 부모 때문이었다. 컨설팅의 존재 여부를 학교에 알리지 말라는 우리 쪽의 조언에도 불구하고 그 학부모님은 우리와 학교가 직접 소통하길 원했다. 컨설팅 여부를 군이 밝히지 않으려는 건 한때 학교 카운슬러로서 일한 경험에 근거한 일종의 매너였다. 그럼에도 불구하고 연결이 되었고 선생님은 오히려 반색하시며 여러 조언을 구했다.

"네, 선생님. 학교에서 SAT 수업을 따로 해주는 것은 학생들에게는 좋은 일이지만 그 수업이 정식 과목으로 성적표에 나타나면 진짜 그 수업을 다루고 있는 영어 수업이 없어지게 됩니다. 그러면 핵심 과목 하나가 없어지니 학생들에게 좋은 일이 아니에요."

"정말 감사합니다. 큰 도움이 됐어요."

나는 이런 식으로 보이지 않는 곳에서 한국 교육의 일선 현장에서 일하시는 선생님과 카운슬러를 많이 도왔다. 국제학교나 다른 신생 학교가 많지만 전문 인력은 절대적으로 모자란다. 커리큘럼을 잘 아는 전문 인력이 드문 데다 칼리지 카운슬링 업무는 배울 데도 마땅히 없다. 게다가 학교에서의 인식도 여전히 부족하다. 학교에서 카운슬링 오피스가 제대로 안정되지 않기에 생기는 문제들이라고 생각한다.

대일외고에 근무하면서 가장 아쉬웠던 부분은 학교 카운슬러로서의 한계였다. 한국의 부모님들은 학교 카운슬러가 마치 진학 지도 선생님의 역할과 같다고 생각하지만 실상은 다르다. 학교 카운슬러의 주요 업무는 학교 커리큘럼 관리, 선생님 관리, 여러 대외 업무를 비롯해 행정 업무가 대부분이다. 진학 지도에 모든 시간을 쓸 것 같겠지만 실제로 학생을 돕고 싶어도 시간이 나지 않는 경우가 많다.

미국의 공립학교에서는 학교 카운슬러의 비율이 한 카운슬러당 학생이 500명 가까이 되는 곳도 있다. 학교 카운슬러에게 더 우선인 업무는 고등학교 졸업에 초점을 맞추고 있지 대학 입시가 아니다. 아무리 대학 입학 실적을 강조하는 학교라고 해도 학교 카운슬러의 역할은 어디나 비슷하고 이러한 한계 때문에 독립 카운슬러로 전환하게 된 것이다.

신생 국제학교에서 실적다운 실적을 내려면 최소 3년에서 5년은 걸린다. 그 학교의 첫 졸업 학년은 여러 면에서 불리하다. 대일외고에서 나와 독립 카운슬러로 일하기 시작했을 무렵 한국의 국제학교가 급성장하고 있었고 점차 졸업생을 내기 시작했다. 해외에 엄청 퍼져 있던 유학 인구가 이런저런 이유로 한국에 다시 들어오게 되었고, 한국 국제학교 시장은 점점 더 커지기 시작했다. 설상가상으로 중국에서 유학 인구가 폭발적으로 증가하면서 해외에 체류해 유학하던 한국 아이들은 이래저래 밀려서 설 자리가 부족한 상황이었다.

제주 국제학교를 포함해 채드윅 송도국제학교, 청라달튼 외국인학교 그리고 많은 비인가 국제학교들이 첫 졸업생을 배출해내기 시작했고, 이 첫 졸업생들을 대학에 보내는 일은 매우 험난했다. 각 학교의 카운슬링 오피스가 아직 채 정리되기 전이었고 학교 카운슬러들의 잦은 이직과 짧은 경력, 그리고 학교들의 미국 및 해외 대학에 대한 이해 부족이 심각했기 때문이다. 가장 중요한 것은 아직 학교의 탄탄한 프로파일링이 되기 전이라서 그 학교 출신들에 대한 데이터가 부족했다.

이런 상황에서 많은 학생이 어려움을 겪었고, 칼리지 카운슬러의 부재와 안정적인 공급 필요성은 커졌다. 그 한가운데 서 있던 나는 꽤 여러 국제학교에서 칼리지 카운슬링을 맡아 달라는 제안을 받았었다.

감사한 제안이기는 했지만 고사한 이유는 한 학교 학생들만 도울 수 없다는 판단 때문이었다. 오히려 지금처럼 여러 학교 학생의 사례와 데이터를 분석하면서 더 많은 학생에게 도움을 주는 것이 맞다고 생각했다.

학교 내 카운슬러의 한계를 딛고 개인에 맞춘 특별한 카운슬러로서 최대 효과를 내보자는 꿈이 있었던 것이다. 그 꿈은 실현되어가고 있고, 그 속에서 내가 할 일은 여전히 학교 내 카운슬러에 대한 인식이 부족한 상황에 조금이나마 보탬을 주는 것이라 생각하며 최대한 돕고 있다.

다행히도 신생 학교들이 우리 컨설팅의 도움을 받아 좋은 성적을 냈고, 우리의 도움을 받은 첫 졸업생들이 놀라운 결과를 받을 때마다 해당 신생 학교에 대한 브랜드 가치는 급격하게 올라갔다. 학교 실적이 곧 다음 해의 홍보로 이어지는 것을 알기에 어떤 신생 학교에서는 매우 적극적으로 직접적인 컨설팅을 의뢰하기도 했다. 서로가 윈윈할 수 있어서 다행이라고 여기며 앞으로는 조금 더 체계적인 카운슬러 교육을 해보고 싶다는 생각도 든다.

칼리지 카운슬러는 특별한 학위가 없다. 관련 전공이 있는 것도 아니다. 하지만 기본적으로 교육 분야에 이해가 깊어야 한다. 매우 전문적인 분야인데도 불구하고 의대나 법대 졸업자처럼 사례를 누가 많이 했냐가 상당한 실력을 좌우한다. 이 영역에서 일하는 사람들은 이 직업에 대한 정확한 이해도를 가지고 스스로 공부하고 연구하고 터득하는 것으로만 커리어를 개발할 수 있다. 그런 까닭에 미국 대학과 전공 시스템 등을 수년간 깊이 있게 연구한 것 같다.

Practicum(교사실습) 과정을 세 번 거쳤는데 대학에서 정교사 자격증 취득 때, 교육 대학원에서 석사 학위 취득 때, UCLA에서 칼리지 카운슬러 프로그램 이수 때였다. 모두 다 교육 관련 실습이었지만 실제 교육 현장에서 사례를 진행하는 것은 정말 다른 일이었다.

해도 해도 할 게 너무 많고 그만큼 대학도 많고 좋은 프로그램도 많고 성공 루트도 다양하다. 미국에 이런 좋은 교육제도가 있는 것이 정말 부럽다. 미국 보딩스쿨 연구도 최소 몇 년간 했고, 국내외 명문 고등학교를 정확히 파악하는 데도 수년이 걸렸다. 각 고등학교 커리큘럼과 미국 대학 입학 실적의 상관관계를 연구하는 데만도 수년이 걸렸다. 그럼에도 불구하고 그동안 없던 새로운 대박 사례가 계속 나오고 있다.

전문성과 사명감 없이는 이 업무를 계속하기 어렵다. 이제 조금은 질릴 법도 하지만 이 일을 정말 사랑하는 이유는 매년 다른 꽃이 피기 때문이다. 그래서 매번 씨를 뿌리는 농부의 심정으로 학생들과 만난다.

오늘도 나름대로 만들어놓은 카운슬러 10계명을 외우며 현장으로 향한다.

1 결정은 내려주는 것이 아니라 좁혀주는 것이다.

2 내가 아는 사례가 전부라고 생각하지 말자.

3 방법이 없다고 생각하지 말자. 모든 일에는 방법이 있다.

4 어설프게 도와주지 말자.

5 도와줄 수 없다면 참견하지 말자.

6 도와주는 척하면서 거만하지 말자.

7 모르면 모른다고 말하자.

8 내 전문 분야가 아니면 전문가를 찾아줘라.

9 감정에 치우친 상담을 하지 말라.

10 사례에 대해 공부하자. 연구에는 끝이 없다.

11

찐 컨설팅으로
날개를 달다

사업 초기에 한 어학원과 함께 처음으로 연합설명회라는 것을 개최했다. 사실 진짜 하고 싶었던 것은 여러 교육 서비스 기관이 모여서 소비자가 정보를 공유할 수 있도록 미국의 칼리지 페어College Fair 같은 것을 진행하고 싶었다. 하지만 그 당시 우리 회사의 손님 목록에는 연락처가 얼마 없었고, 다른 어떤 서비스 기관이 있는지도 몰랐던 때라서 현실적으로 불가능했다. 대신 소수 인원이라도 대학 입시에 대해 제대로 된 시각을 갖기를 바랐다.

다행히 원서나 에세이 이야기 일색인 타 컨설팅 설명회와는 달리 커리큘럼을 중시하고 롱텀으로 진행하는 컨설팅 방식에 많은 사람이 폭발적으로 관심을 가졌다. 초기 설명회는 소비자의 인식 개선 의미가 클 뿐 직접적인 매출로 연결되는 경우가 많지 않다. 설명회만 듣고 고가인 컨설팅을 덜컥 계약하는 사람들이 없을 테니 말이다. 그럼에도 나는 컨설팅 서비스에서 어떤 것을 기대해야 하는지, 무엇을 준비해야 하는지, 행사를 통해 학부모들이 큰 그림을 보고 시간을 가지면서 현명한 소비자로서 준비하길 바랐다.

하지만 이런 바람과는 달리 매해 학부모들의 질문은 반복되었다. 자신의 자녀에게 해당하는 정보가 아니면 그냥 지나치는 게 당연하기에 이해가 안 되는 것도 아니었다. 이런 상황이 되자 앞으로도 계속 고객을 만나야 하는지 고민이 되었다. 그때 한 여학생을 만나게 되었다. 보통 해외입시를 준비하는 경우는 부모가 먼저 회사를 찾아오는데, 의외로 학생 혼자 회사를 찾아온 것이다. 그 당당함이 신선했다.

"아니, 어떻게 혼자서 왔어요?"

"친구가 소개해줘서 찾아왔습니다."

눈이 반짝반짝 빛났다. 이야기를 들어보니, 여러 가지 사정으로 미국 대학 준비를 혼자 하고 있었다. 보통 유학을 준비하는 경우 부모님의 전폭적인 도움을 받는데, 그 친구는 부모님의 도움을 전적으로 받을 수 없는 상황인 듯했다. 혼자서 원서를 준비하다 보니 무엇을 어떻게 해야 하는지 정보도 없고 그 무게에 압도된 듯했다. 도저히 안 되었는지 백방으로 알아보다가 우리 회사를 소개받았다고 했다.

당시 근무하던 유학원에서 나와 해외입시 컨설팅 전문회사를 시작한 지 얼마 되지 않은 상황이었는데도 입소문으로 찾아오다니 고마웠다. 다만, 어드미션 기간이 임박한 때라는 게 아쉬웠다. 그래도 일단 돕자는 마음이 들었다.

"준비해온 자료가 있네. 좀 볼까?"

아이가 내민 성적표를 살펴보는데 내 눈이 점점 커졌다. 성적표는 단 한 장짜리였지만 정말 많은 스토리를 보여주고 있었다. 현재 준비된 상황을 죽 훑어보는데 누가 봐도 치열하게 산 흔적이 보였다. 학년마다 성실하게 과목을 들었고 과목 난이도가 극적으로 뛰어올랐고 해마다 AP나 SAT 시험을 봐서 점수를 내는 등 그동안 쉬지 않고 학업을 위해 달려온 스토리가 고스란히 전달되었다.

"정말 열심히 살았구나."

짧은 한마디를 했을 뿐인데 학생이 울컥했는지 감정이 동요되는 듯했다. 순간 정신이 번쩍 들었다. 오래전에 진로와 입시 앞에서 갈팡질팡하던 내 모습을 보는 것 같았다. 마땅히 물어보거나 도움을 청할 곳이 없어 진로와 학업 때문에 정말 많은 고생과 방황을 했던 나의 어린 시절이.

이 학생 외에도 지금 어딘가에는 곁에서 도와줄 사람이 없어서, 정보를 몰라서 무게에 압도되고 도전을 포기하는 이들이 있겠다는 생각이 들었다. 누가 봐도 열심히 살아온 아이들, 이런 학생을 길러내려면 얼마나 많은 시간과 노력과 정성이 필요한가. 누군가 곁에서 도움을 주어 길을 열어주어야 한다는 생각이 끓어올랐다. 무조건 결과를 내주고 싶다는 소망, 결과를 내주지 못하면 너무 끔찍할 것 같다는 두려움이 생겼다.

잘해야 했다. 기왕 어드미션 컨설팅이라는 분야에 들어와서 다른 사람의 미래를 바꾸는 일을 하게 되었다면 무조건 최고가 되어야 했다. 그때부터 그 학생의 어드미션을 위한 전투태세에 돌입했다. 거의 모든 활동을 혼자서 했다는 학생의 성실함과 주도성을 최대한 내세웠고, 학생의 강점을 최고치로 끌어올리는 서류로 준비했다. 밤을 새워가며 추천서를 작성하고 학생이 쓰는 에세이를 지도하는 등 할 수 있는 최선의 노력을 다했을 때, 놀라운 소식이 들려왔다.

"선생님, 저 합격했어요. 합격이에요!"

미국 Top Tier 대학으로 꼽히는 대학교에 합격했다는 소식이었다. 학생이 합격한 대학은 미국 명문 대학 15위권에 드는 학교였다. 솔직히 우리 모두 합격할 거라는 확신은 없었다. 수년을 준비하고 지원해도 갈 수 있을지 모르는 학교였기에 합격을 장담할 수 없었는데, 절실함과 절박함, 치열한 노력이 열매를 낸 것이다. 명문대로 진학한 그 학생은 학부 생활을 훌륭히 마치고 그 어렵다는 미국 의대에 진학해 많은 기회를 누리고 있다.

이 학생의 컨설팅은 깊은 울림을 남겼다. Top Tier 대학 어드미션의 가능성을 열어주었을 뿐 아니라 회사가 나아가야 할 방향과 동기부여가 되어주었기 때문이다. 유학을 꿈꾸는 이들, 더 넓은 세계로 도전하고자 하는 이들에게 실질적인 도움을 주고, 무조건 결과를 내주는 컨설팅을 해보자는 가이드라인이 생긴 것이다.

또 실제로 학생들을 많이 돕다 보니 입시의 어려움은 정보가 아니라 진행이 문제였음을 알게 되었다. 자료를 아무리 많이 만들어 배포하고 책으로 만들어줘도 여전히 패턴이 같은 질문과 어려움을 호소하는 사람이 많았다. 사실 정보라면 구글에 원 없이 널려 있다.

이후로 우리 회사는 아카데믹 카운슬러, 프로젝트 카운슬러, 에세이 카운슬러 등 각 분야에 더 전문성이 있는 인력들로 강화했다. 그들은 치열한 입시 세계에 뛰어든 학생들과 만나며 최선을 다했다. 엄마들은 아이를 낳던 고통을 곧 잊는다고 했다. 그래서 둘째를 가진다고. 나도 그랬다.

아이들의 원서를 처리하는 일은 너무나 고되고 힘들어서 다시는 하지 말아야지 싶은 생각이 들 때가 많았다. 밤을 샐 때도 많았고, 원서 접수 직전에 연락이 끊겨버리는 아이들 때문에 애가 탄 적도 많았고, 다 키워놨더니 마지막 학기에 성적을 망쳐버리거나 사건에 휘말려 크나큰 오점을 남기는 아이들도 있었다. 정말 이 일을 좋아하지 않으면 못 하는 일이었다.

매년 여름이 되면 비슷한 전화를 많이 받는데 다른 컨설팅에서 서비스를 받던 중 그쪽과 연락이 안 되거나 뭐가 안 맞는다면서 옮길 수 있냐고 묻는 내용이 대부분이다. 에세이 선생님이 갑자기 사라져서 연락이 안 된다는 전화도 꽤 온다. 있어서는 안 되는 일이지만 이상하게 이해가 갈 때도 있다. "우리는 죽으면 몸에서 사리가 나올 거야"라고 직원들과 농담을 하기도 할 정도로 책임감과 의무감이 없으면 할 수 없는 일이다.

그런데 막상 학생들이 희망하는 학교에 원서를 넣고 나면 씨를 뿌린 농부처럼 수확을 기대하게 되고 예상치 못한 큰 열매가 열리면 그 기쁨은 이루 말할 수 없다. 무엇보다 그 학생의 인생에 커다란 좋은 영향을 미친 것만 같아서 너무나 감사하고 뿌듯하다. 그러면서 고생했던 기억들을 잊고 만다.

한 아이를 키우는 데는 온 마을이 필요하다고 했다. 여러 선생님이 끊임없이 소통하고 아이디어를 짜고 진행하면서 아이의 인생이 조금씩 만들어져간다.

학생과 나누는 합격의 순간들

0.1% 엘리트의 탄생

무엇보다 노력은 결국 배신하지 않는다는 믿음을 아이가 기억해주길 바랄 뿐이다. 또 12년간의 대장정을 마무리하고 새로운 시작을 하는데 카운슬러로서 그들의 단단한 시작을 돕고 있다는 점에 자부심을 느끼며 오늘도 아이들을 키우는 마을로 향한다.

　　많은 비용과 에너지가 들어가는 만큼 유학 소비자는 좀 더 까다로워지고 똑똑해져야 한다. 유학을 준비하는 입장에서 가장 먼저 해야 할 일은 자신이 도움을 받아야 할 곳이 어디인지 정확히 파악하는 것이다. 유학 준비를 돕는 곳은 학원과 유학원, 컨설팅 회사 등이며, 세 기관에는 각각 업무의 공통점도 있고 차이점도 존재한다. 그림으로 각 기관의 역할을 설명할 테니 참고해보기 바란다.

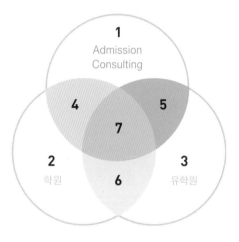

컨설팅과 유학원, 어학원의 역할

● **7번** — 어드미션 컨설팅 분야와 어학원(학원), 유학원은 대체로 유학과 관련이 있으면서 유학 경험이 있는 인프라가 포진해 있다는 점에서 공통점이 있다. 이러한 공통점 때문에 비슷한 서비스라고 혼동하기

쉽지만 이 세 종류의 기관은 문제를 푸는 방식이 완전히 다르다. 같은 질문을 해도 각 기관의 이해관계나 수익 모델에 따라서 완전히 다른 답을 줄 수도 있다. 따라서 확실히 구분하지 않고 여러 군데를 돌며 상담할 경우 오히려 큰 혼란에 빠지고 누구의 말이 맞는지 파악하는 데 많은 시간을 소비하게 된다.

- **6번** — 많은 유학원에서 학원도 같이 운영하고 있다. 유학하는 학생 가운데 수업에 대한 니즈가 있기 때문이다.

- **5번** — 유학원과 컨설팅이 겹치는 구간이다. 전문 어드미션 컨설팅 기관들이 생기기 이전에는 대학이나 보딩스쿨 원서의 수요를 주로 유학원에서 처리했다. 수속의 의미가 강하다.

- **4번** — 학원과 컨설팅이 겹치는 구간이다. 많은 학원에서 어드미션 컨설팅도 같이 하고 있다. 컨설팅만 전담하는 부서가 따로 있을 수도 있고 수업을 하는 선생님이 컨설팅을 같이 하는 경우도 있다.

- **3번** — 지금의 어드미션 컨설팅은 유학원 서비스에서 출발했다. 하지만 유학원의 수익 구조는 컨설팅보다는 계약된 재단이나 연계되어 있는 학교 쪽으로 학생을 보내는 데 주력한다. 조기유학(중·고등학교)이나 대학 프로그램 위주지만 서로 주력해서 보내는 학교가 다를 수 있다. 특정 국가를 전문으로 하는 유학원도 많다. 유학원은 이미 계약되어 있

는 재단에 속한 학교에 보내는 것이 주 업무다. 홈스테이나 비자, 항공 등등 생활 측면에서 서비스를 많이 한다. 컨설팅에서 타깃으로 하는 대학이나 보딩스쿨들은 재단이나 연계된 학교가 아닌 일반적인 각 국가의 최상위 명문이다. 계약관계 방법으로는 합격시킬 수 없는, 전략이 필요한 경쟁적인 학교를 주로 보내는 것이 임무다. 따라서 컨설팅에서 다루는 원서는 수속보다는 전략의 의미가 강하다.

• 2번 — 학원 중에서 SAT나 AP, TOEFL, ACT 등 해외 학교에서 필요로 하는 학원들은 주로 유학을 하고 있거나 해외대학이 타깃인 학생이 많다. 그중에서는 컨설팅을 받고자 하는 수요도 꽤 있다. 그렇다 보니 학원에서 컨설팅 업무까지 하는 경우가 많아졌다. 하지만 이 경우 학원 서비스와 입시 서비스가 혼재되어 있을 수 있다. 학원은 기본적으로 수업을 제공하는 곳이기 때문에 대부분의 문제 해결을 수업으로 풀 가능성이 높다.

• 1번 — 점점 더 많은 사람이 질 좋은 유학을 추구하게 되고, 최상위권 명문 대학 입학 경쟁이 치열해지면서 이를 특화하려는 프리미엄 입시 서비스가 등장하게 되는데 그것이 바로 어드미션 컨설팅이다. 유학 중에서도 전략이 필요한 입시를 주로 다룬다. 학원이나 유학원은 컨설팅만 전문으로 하는 기관과는 수익 구조나 서비스만 다른 것이 아니라 무엇보다 인력 분배와 학생들에게 적용하는 타임라인이 다르다.

유학이 경제적일 수 있을까? 유학을 가서도 비용이 많이 들지만 가기 전에 준비하는 것 또한 만만치가 않다. 그렇기에 비용으로 정직하게 환산하여 경제적인 유학을 이야기하기 어렵다. 다만 효율적인 유학을 추구해야 한다.

1. 유학할 거면 제대로 하고, 유학 갈 거면 미국으로 가라

이제 유학 시장의 거품이 많이 사라지기는 했지만 한때 어학연수가 열풍인 적이 있었다. 영어도 배우고 취업에도 도움이 된다는 취지였는데 이제는 많이 없어진 것 같다. 어학연수는 사실 영어를 늘리는 데는 도움이 거의 안 된다. 단기연수는 체험이라고 보는 게 맞다. 유학을 간다면 그 나라의 가장 최상위 대학만 공략하는 게 맞다. 최상위 대학에 대한 프리미엄이 있다. 또 갈 거면 미국으로 가야 한다. 모든 학문과 산업이 미국으로 연결되어 있어 다른 나라에서 유학을 했어도 어차피 미국으로 가야 하는 경우가 많다.

2. 미국 대학 준비로 다른 나라 대학도 공략하라

일반적으로 미국 대학은 준비하는 데 까다로운 편이고 다른 나라 대학은 지원이 비교적 간단하다. 지원이 비교적 간단하고 입학이 쉽다고 해서 미국을 포기하지는 말자. 오히려 미국 대학을 준비하면서 다른 나라 대학에 훨씬 수월하게 지원하고 움직일 수 있다. 또 특정 나라의 대학만 준비하는 경우는 지양해야 한다. 안타깝게도 특정 나라의 대학만 준비하다가 안 되는 경우를 너무 많이 봤다. 미국 대학을 준비하다가 다른 나라 대학도 수월하게 복수 합격을 하는 학생들과는 대조적이다.

3. 모든 학교를 다 최상위 명문으로 다닐 필요는 없다

좋은 대학원을 가려면 대학 학점이 좋아야 하고, 좋은 대학을 가려면 고등학교 내신이 좋아야 하기 때문에 경쟁이 너무 센 곳이면 불리할 수 있다. 또 좋은 고등학교를 가려면 중학교 내신이 잘 나와야 한다. 이런 식이라면 계속 GPA가 잘 나오는 데로만 가야 하는 걸까? 그건 아니다. 반대로 모든 학교를 다 지나치게 경쟁이 치열한 학교를 다닐 경우에 중간에 어려움을 겪거나 오히려 상급 학교에 도움이 안 되는 경우가 있다.

대학이든 대학원이든 유학에 더 중점을 두는 곳이 어디냐에 따라서 초·중·고의 진학 결정이 달라질 수 있다. 모든 학교를 모두 초엘리트 학교만 골라서 나오는 학생은 극히 소수다. 어느 한 지점에서 아이가 학교에 적응을 못 하거나 문제가 생겨 학업이 중단되는 경우가 있는데, 바로 이때 비용과 시간을 잃게 되고 무엇보다 수많은 기회를 놓치게 된다. 그렇게 되면 매우 비효율적인 유학이 될 수 있다.

4. 기왕이면 컨설팅 받고 좋은 대학을 가라

교육을 일반적인 금융투자와 비교할 수는 없지만 그래도 투자에 비해서 합당한 결과치가 나와야 한다. 의외로 준비 기간도 길고 투자한 시간과 돈이 많은 학생이 더 안 좋은 결과를 받는 경우가 꽤 있다. 컨설팅은 비효율적인 면을 줄여 경제적이고 효율적인 방법을 제시하는 데 노하우가 있다. 그렇기에 기왕이면 컨설팅을 받고 시간과 기회비용을 줄여 좋은 학교에 가는 것이 유리하다. 이는 컨설팅 회사의 대표로서가 아니라 학부모 입장에서 추천하는 바다.

5. 엉뚱한 곳에 시간과 돈과 에너지를 낭비하지 말라

학비만 절약할 수 있는 것이 아니다. 학비를 절약하려고 아이에게 맞지 않는 학년을 정해주었거나, 맞지 않는 학교에 갔거나, 맞지 않는 커리큘럼을 택했거나, 필요 없는 공부와 활동을 시킨 경우도 많다. 이런 것이 결국은 모두 비용이다. 사교육비를 아끼겠다고 덜 시키다가 나중에 절박한 심정으로 비용을 두 배 세 배 쓰지 말자. 경제적인 유학을 말하기 전에 먼저 효율적이고 합리적인지부터 진단하는 게 중요하다.

로마는 하루아침에 이루어지지 않았다.
진정한 엘리트도 그렇다.
오랜 시간, 오랜 과정을 거쳐 완성된다.

2
CHAPTER

롱텀으로 만들어지는 엘리트

커리어 스토리
만들기

01

엘리트도 결국 장기전이다

미국에 있을 때 한인타운에 있는 서점에서는 한 달에 한 번씩 정기 세일을 했다. 그러면 읽고 싶은 책을 골라 몇 권씩 사두고 머리를 식힐 겸 짬짬이 읽곤 했다. 그즈음 관심을 가졌던 재테크와 투자 관련 책을 주로 읽었는데, 서로 연관성이 없어 보이던 책을 몇 권 반복해서 읽는 과정에서 중요한 단서를 발견했다.

'인생이든 투자든 입시든 롱텀으로 투자하라.'

부자가 된 여러 사람의 스토리를 읽으면서 그들에게서 공통적인 습관을 발견했다. 바로 한 번에 대박이 난 게 아니라 오랜 시간에 걸쳐 꾸준히 노력했다는 점이다. 어떤 사람은 물건을 살 때 받은 잔돈을 그때그때 처리하기 귀찮아서 잔돈이 생길 때마다 모아두었다가 저축했는데 수십 년이 지나니 그게 자녀의 학자금이 되었고, 어떤 사람은 공돈이 생길 때마다 따로 모았는데 일정 시간이 지나자 어마어마한 금액이 되어 있었다고 한다.

장기전으로 갔을 때 만나게 되는 또 다른 세상이었다. 집필자는 꾸준히 열심히 살라는 고리타분한 교훈을 주려고 했을지 모르겠으나 뭔가 답을 구하러 돌아다니던 내게 이 내용들은 엄청난 영감을 주었다. 그 당시 나는 과연 부모님의 도움 없이, 특별한 능력 없이 성공할 수 있을까를 몹시 고민하고 있었다. 다른 사람처럼 주변에서 도와주는 사람도 없었고 그렇다고 천재성도 딱히 보이지 않았기에 우울한 날도 있었는데, 그때의 영감이 터닝 포인트가 되어주었다.

'그래, 게임의 룰을 바꾸면 되지. 모든 건 장기적인 관점에서 보면 해결될 수도 있어. 아이들 교육도 마찬가지로 롱텀이 답이다.'

이러한 영감은 교육 프로그램을 디자인할 때 결정적인 가치가 되었다. 어렵고 안 되고 불가능할 것만 같은 일도 관점을 롱텀으로 바꾸어 받아들이고 준비시키면 가능할 것 같았다. 정말 혁신적인 생각의 전환이었다. 그러나 이러한 영감은 생각에서만 머물렀을 뿐, 현실에 곧바로 적용할 수는 없었다. 그래서인지 미국에서 학생들의 어드미션 컨설팅을 시작하면서 마음 한쪽이 항상 허전했다.

대부분의 학생이 단기간에 좋은 결과를 얻으려고 단발성 컨설팅을 의뢰한다. 기업 입장에서도 단기간에 여러 회원을 관리하는 게 훨씬 이익이다. 게다가 컨설팅만 하는 게 아니라 수업 서비스가 따라오도록 서비스하기 때문에 자꾸만 컨설팅 본연의 목적에서 어긋나기도 했다. 물론 최선을 다하기는 했지만 내가 원하던 진정한 컨설팅의 모습은 아니었다.

나는 대학 시절을 온전히 즐기지 못했다. 엄청나게 바쁘게 살았지만 대체 대학은 왜 가야 하는지, 대학에서 배우는 지식이 왜 필요하고 어디에 쓰이는지 의문만 남긴 채 대학생활이 끝났다. 오히려 사회생활을 하면서 다양한 경험을 쌓다가 비로소 답을 얻었다. 이런 쓰라린 기억이 있기에 적어도 다른 사람들은 나와 같은 길을 걷게 하고 싶지 않았다.

시행착오를 줄이려면 목적이 이끄는 삶을 살아야 하고, 그 목적에 합당한 학교를 선택하는 게 중요하다. 칼리지 카운슬러가 되어 어드미션 컨설팅을 하게 된 데는 이런 배경이 있는데, 현실적으로는 목적을 찾게 해주는 컨설팅을 하고 있지 못하다는 한계가 있었다. 이유는 단발성에 그치기 때문이었다.

카운슬러 입장에서는 한 번으로 끝나는 컨설팅이라 깊은 애정을 갖기 힘들고, 무엇보다 의뢰인을 제대로 파악할 시간이 없다. 의뢰하는 입장에서는 잘하는 분야의 조건만 내세워 표면적인 결과를 원하고 정작 자신이 진짜 원하는 것을 찾지 못한다. 여러모로 서로에게 득이 될 게 없었다. 이러한 한계를 느꼈기에 회사에 소속되어 있을 때 롱텀 컨설팅을 제안했으나 반대에 부딪혔다. 한국의 까다로운 교육 소비자가 장기계약을 할 리 없다며 회의적인 입장이었다.

하지만 나는 누군가를 학업적 커리어로 성장시키는 일을 가장 하고 싶었다. 그래서 이후 단발성 컨설팅 업무를 하자는 회사의 제안도 거절할 수 있었다. 그렇게 꽤 오랜 시간이 지난 끝에야 롱텀 컨설팅을 시작하게 되었다. 처음에는 알음알음 회사로 연락해오는 학부모님과 상담을 하면서 벽에 부딪히기도 했다. 롱텀 컨설팅을 소개하면 대부분 "그게 왜 필요합니까?" 하는 반응이었다. 그러나 예상했던 반응이었기에 끝까지 우리 회사가 추구하는 방향으로 설득해나갔다.

"대부분 입시 교육기관에서는 아시다시피 단기간 원서 상담이나 일회성 미팅 위주로 서비스를 하죠. 그런데 그건 엄밀히 말씀드려 진정한 컨설팅이라고 보기 힘듭니다. 적어도 2~3년 혹은 그 이상 기간에 학생과 함께 진학을 설계하고 준비해야 더 좋은 결과를 이끌어낼 수 있습니다. 또 이런 사례를 많이 다루어본 곳에서 원서도 잘 핸들링할 수 있습니다. 이런 롱텀 컨설팅은 저희가 처음 시작하는 것인 만큼 오랜 시간 준비해왔고 나름 확신을 가지고 시행하는 것이니 믿고 맡겨주세요."

교육 주치의 개념을 대중화시키고 싶다는 비전에 부모님들의 마음도 조금씩 움직였다. 장기 컨설팅이다 보니 비용도 만만치 않았지만, 정말 학생들을 책임 있게 관리해보겠다는 젊은 투지를 믿어주었던 것 같다.

모든 회원을 롱텀 컨설팅으로 관리하는 체계에 돌입하자 분위기가 확 달라졌다. 일단 유학이나 한번 가볼까 하는 생각으로 온 사람들은 걸러졌다. 유학은 가족 모두의 동의와 수용이 필요하다. 혼자 가고 싶다고 해서 갈 수 있는 것도 아니고 비용 면에서 부담이 크기 때문에 전적으로 가족의 동의가 있어야 한다. 어떤 경우, 부모의 손에 끌려오는 학생들이 있는데 이런 경우 과감히 돌려보냄으로써 허투루 발걸음하는 이들이 걸러졌다.

또 기본적인 영어 학습 여부, 학습 가능성이 보이지 않거나 스스로 하려 하지 않는 경우도 걸러졌다. 유학은 언어가 기본이고 노력 가능성이 보여야 나가서 수업을 제대로 들을 수 있기 때문이다.

컨설팅이 시작되면 한 학생을 전적으로 관리하는 카운슬러가 정해지고, 그 뒤에 또 다른 책임자가 이중 삼중으로 붙어 회사와 학생, 학부모와의 관계를 끈끈하게 형성해나갔다. 이것은 기존의 일대일 컨설팅의 틀을 깨는 도전이었다. 보통 카운슬러와 고객이 일대일로 맺어지다보면 카운슬러에게 모든 정보가 간다. 문제는 이러한 정보를 회사가 공유하고 있지 않아 그 카운슬러가 회사를 나가게 되면 회사는 고객과 함께 그 고객에게서 얻은 정보도 함께 잃게 된다.

회사를 경영하는 입장에서 볼 때 이는 매우 비합리적이다. 그래서 기존의 틀을 과감히 깨고 회사와 카운슬러가 모든 정보를 공유할 수 있도록 시스템을 만들었다. 담당 관리자는 있지만 그 위에 이중 삼중 책임 시스템을 두어 회사가 회원을 관리하는 형태를 취한 것이다. 물론 일은 몇 배로 많아졌다. 회사에서 지출하는 비용도 추가된 인원만큼 몇 배로 높아졌다. 의논할 부분도 많아 이래저래 복잡한 과정이지만, 이보다 이상적인 컨설팅 시스템은 나오지 않을 거라는 확신이 있었다. 그만큼 만족도는 좋을 수밖에 없다.

여기에서 아주 중요한 포인트가 있다. 입시는 시간과의 싸움이다. 모든 학생은 할 일이 많고 시간이 없다. 어드미션 컨설팅의 핵심 노하우는 성공할 수밖에 없는 완벽에 가까운 계획안과 실행력을 가지고 있다는 점이다. 그 계획을 과연 실행할 수 있느냐 없느냐 하는 논란은 이미 그걸 해본 사람 혹은 그런 사례를 진행해본 전문가만 종결지을 수 있다.

	Jan	Feb	Mar	Apr	May	Jun	Jul	Aug		Sep	Oct	Nov	Dec
12	A803 Application Status Check Up / E302 Competition	A803 Application Status Check Up / M102 Career Pathway / E302 Competition	A804 Regular Decision 정시결과 / E302 Competition	A807 Ivy League Decision 아이비리그결과	S112 AP /IB Test / A806 Final Decision 최종지원대학결정 (Deposit)	E203 Internship / College Level Reading Class!	E203 Internship / College Level Reading Class!	E203 Internship / College Level Reading Class!	**F**	Start College Life!			
11	C305 지원대학별 소개자료 / A202 Best Fit School Selection / A501 Essay Concept/Brainstorming / E208 Summer Camp /Research Camp /Internship / E302 Competition / Summer Program Application	C208 State Colleges 주요추립대정보, 주요추립대학 비교 / M102 Career Pathway / E302 Competition	G101 Course Selection 학과목 배정 / A100 Application Preparation – Personal Data collect / A801 Campus Visit / E302 Competition	A204 Major Research / A311 Request Unofficial Transcript / A801 Sample Teacher Evaluation / A801 Campus Visit / G204 Tutoring/Institution / C501 Summer plan & Schedule	S112 AP /IB Test / S113 Subject Test / A311 Portfolio unofficial transcript / A402 TOEFL Test Plan	Summer Plan / A101 Senior Agreement / A201 Financial Aids & Scholarships / A103 / Professional Resume / E303 Research Paper	Summer Plan / A203 Major Selection by School / A309 Portfolio / A312 Petition / A313 Promotion Plan / E200~E400 / Portfolio Am Senior Information Session – College Night / E303 Research Paper / Summer Plan	Summer Plan / G203 Tips for GPA / A301 Common Application / A302 / Application Tips / A502~504 College Essay / E303 Research Paper / Summer Plan	**12**	A306 School Profile / A310 Application Review / A602 School Forms (추천서 패킷)	A307 Financial Statement / A308 College Contacts / A314 Application Submit / A801 Campus Visit	A701~A704 Interview Management / A314 Application Submit – State Colleges / A700 Interview Management	S305 January SAT test / A314 Application Submit / E302 Competition
											Admission Process Early Admission	Extra-Subject Test	Regular Decision
10	S107 Insight Power English AP / E208 Summer Camp /Research Camp/ Internship / E302 Competition / Summer Program Application	S303 Score Choice College List A201~A203 SAT/ACT/IB FLAS... / E305 portfolio / E302 Competition	G101 Course Selection 학과목 배정 / A801 Campus Visit / E305 Writing portfolio / E302 Competition	C207 대학별 Profile 보는 방법 / C402~C404 SAT/ACT/TOEFL	S112 AP /IB Test / S113 Subject Test / A801 Campus Visit / C101 GPA Management / C501 Summer plan & Schedule	S304 College Board National Report / A501 Essay Concept/Brains / E200~E400 / Portfolio / E303 Research Paper / Summer Plan	M106 The Best Careers / S115 Extra CR Practice / E200~E400 / Summer Plan	G203 Tips for GPA / A801 Campus Visit / M105 Major Description 전공의종류 / Summer Plan	**11**	C303 Best Website / S301 PSAT 관련 정보	S306 Reference site / C201 학과멘토링 / Visit / PSAT	S112 AP 시험관련자료 / S302 종합대학과 / Interview Management	M201 Resume/CV design / S113 Subject Test 관련 / Camp /Research Camp / E302 Competition

거꾸로 내려오는 롱텀 플랜의 샘플

이것이 수년간 연습한 롱텀 플랜의 핵심 샘플이다. 한마디로 표현하자면 '계획은 한 번에 짜되, 할 일은 목표 지점부터 현재까지 거꾸로 내려오면서 계획'되어야 한다. 가까운 미래부터 먼 미래로 짜면 안 된다. 그러면 계획대로 되지 않는 변수를 반드시 만나기 때문이다. 진짜 우선순위가 뭔지 모르고 계획이 뒤섞일 수도 있다. 계획을 거꾸로 짜려면 모든 타임라인에 무슨 일이 일어나는지 반드시 알고 있어야 하고 할 일도 미리 다 알아야 한다.

또 계획에 변수가 있다는 점을 반드시 고려해야 한다. 만약 입시를 치를 때까지 20개월 정도 남아 있다면 그 20개월 동안 아이가 같은 속도로 꾸준하게 달릴 거라고 생각해서는 안 된다. 이것은 100미터 달리기가 아니라 마라톤이다. 비단 속도만 체크해서도 안 된다. 빨리 달리기도 했다가 걷기도 하지만, 물도 마셨다가 엉뚱한 길에 잘못 드는 경우도 있기 때문이다. 모든 가능성을 다 염두에 두고 판단해야 한다.

전략적인 핵심은 계획을 거꾸로 짜 내려오는 것이다. 어차피 해야 할 일은 많다. 우선순위대로 할 일을 정리하다 보면 지금 필요 없는 일들이 뭔지 답이 바로 나온다. 그렇게 하려면 일단 무엇을 해야 하는지 정확히 알아야 한다. 바로 이런 부분이 전문가의 영역인 것이다.

"지난 여름방학에 학생이 어떻게 시간을 보냈을까요?"

"지난 방학이요? 글쎄요 뭘 했는지 기억이 안 나네요⋯. (침묵) 아! SAT 조금 맛보고, 선행도 하고, 여행도 갔던 거 같고⋯."

시간을 거슬러 작년 여름방학을 돌이켜 보면 그 당시는 중요하다고 판단해서 실행한 계획이었는데 올해 다시 점검해보면 후회막급한 경우가 많다. 계획을 거꾸로 짜지 않고 가까운 미래만 바라보고 짰기 때문이다. 그렇기에 롱텀으로 커리어를 성공적으로 바꾸려면 목표 지점부터 현재까지 거꾸로 내려오는, 매일 해야 하는 일을 합리적으로 결정해야 한다.

커리어를 힙하게 바꾸는
성장과 전략

"학교생활이라는 게 아이 스스로 해내야 하는 것인데 그렇게 옆에서 다 해주면 자기주도가 안 되는 것 아닙니까?"

사업 초기에는 컨설팅 자체에 대해 학부모, 특히 아버님들의 반응이 매우 차가웠다. 원서 시즌에 에세이 도움을 받는 부분은 이해하면서도 학생의 롱텀 플랜을 짜는 부분에는 우려를 표했다. 언제 망할지도 모르는 회사에 어떻게 장기 계약을 하느냐부터 쓸데없이 서비스 기간만 늘려놓은 것 아니냐는 걱정까지 안 들어본 소리가 없다.

심지어 다른 컨설팅 회사들조차도 롱텀 컨설팅이 무엇이고 도대체 뭘 해주는 것이냐고 묻는 경우가 많았다. 실제로 체감하지 않고는 쉽게 설득되지 않는 현실이라는 점이 안타까울 뿐이었다. 그래서 롱텀 컨설팅으로 체계를 바꾸고 이 부분을 이해시키는 데 많은 노력을 기울였다.

해외 학교 진학이라는 특수한 환경 아래 최소한의 시행착오를 거쳐 최상의 결과를 낼 수 있는 데이터를 제공했고, 시간을 줄여줄 수 있는 방법 사례를 발굴하는 등 효율적인 커리어가 쌓이도록 노력했다. 한국과는 달리 해외 학교에서는 학생이 자신의 관심 분야를 깊게 들여다봤는지 알기 위해 얼마나 다양한 채널로 접근했는지 살펴보기를 원한다. 물론 성적도 보지만 그와 함께 그 사람만이 추구하는 색깔을 본다고 할 수 있다.

카운슬러는 학생의 기본 소양을 파악하고 발전시킬 수 있는 분야를 탐색하여 선택의 폭을 좁혀준다. 예를 들어 바이오에 관심이 있고 그쪽으로 교과를 들었다면 그 분야의 권위 있는 교수가 누구인지, 어떻게 접촉할 수 있는지 접촉점을 찾고 이를 발전시켜 성과를 낼 수 있는 길을 가이드해주되 주체는 본인이다.

이는 단기간에는 절대로 불가능한 일이다. 그렇지만 롱텀이라면 얼마든지 가능해진다. 어떻게든 도움을 줄 만한 정보를 카운슬러가 찾아서 선택권을 주기 때문에 다른 이들은 접근하기 힘들 정도로 커리어가 힙해지는 것이다. 한마디로 유有에서 플러스 유+有를 만들어가는 윈윈 전략이다.

또 롱텀 컨설팅으로 게임의 판도를 뒤집는 패를 쥘 수도 있다. 어느 강의에서 새로운 버전으로 토끼와 거북이의 경기 이야기를 들었는데 매우 신선했다. 토끼와 거북이가 경주를 하는데, 요즘 토끼는 슬프게도 낮잠을 자지 않는다. 토끼는 계속 격차를 내며 달려가기만 하고 느린 거북이는 토끼를 이길 방법이 없다. 이때 거북이는 어떻게 해야 할까? 바로 게임의 판을 뒤집는 것이다. 육상 경기에 강한 토끼의 말대로 따르기만 할 것이 아니라 바다에 강한 거북이가 수영 시합을 하자고 제안해야 하는 것이다.

롱텀 컨설팅에서는 게임의 판을 뒤집는 패를 찾을 가능성이 생긴다. 현재 시점에서는 안 될 것 같은 학생이라도 시간을 더 길게 잡고 준비하면 충분히 따라잡을 수 있다. 이 원리를 철저히 이용해 수많은 학생을 성공시켰다. 단기간에 눈에 띄는 성적을 보여주려고 쉼 없이 달리기만 해서는 안 된다. 교육은 100미터 달리기가 아니다. 마라톤이다. 언제 치고 나가야 하는지, 어떻게 페이스를 조절해야 하는지 미리 알고 준비해서 나아가야 한다.

우리는 롱텀 어드미션 컨설팅을 통해 성장과 전략이란 키워드로 이 마라톤에 접근했다. 많은 경우 무조건 명문에 합격하는 것만을 목표로 전략을 세우는데, 전략을 쓰려면 우선 조건을 만들어놓아야 한다. 그렇기에 우리는 학년이 올라가면서 자연스럽게 실력과 배움의 지식이 올라가는 자연 성장이 아니라 전략적인 성장으로 접근했다.

예를 들면 이런 식이다. 일단 학생이 진학하는 학교의 선택에 전략적으로 접근한다. Middle School, High School, University 등을 선택할 때 최대한 적합한 곳으로 해야 성장을 가져올 수 있다. 학교만 다닌다고 해서 무조건 실력이 올라가는 것이 아니다. 학교를 잘못 선택해서 시간 낭비하고 커리큘럼이 수준이 낮아지며 고생하는 학생이 많기 때문이다.

적합한 학교를 선택해서 진학했다면 그 학교에서 가장 수준이 높으면서도 자신에게 잘 맞는 커리큘럼을 받아내는 것이 중요하다. AP인지, IB인지, A-Level인지, 과목별 수준은 어떻게 할 것인지, 언제부터 준비해야 할 것인지 등 전략을 짜되, 최소 9학년부터는 전략적인 커리큘럼을 받아내는 게 좋다. 다만, 최상위 학교를 타깃으로 한다면 조금 더 일찍, 최소 7~8학년부터 계획을 세워 시작하는 것이 좋다.

좋은 커리큘럼을 받아냈다면 이것을 잘 유지하는 것이 중요하다. 필요하다면 학원이나 선생님을 최소한으로 적절히 배치하면서 GPA를 잘 유지해야 한다. 꼭 누군가의 도움을 받지 않더라도 이를 잘 유지할 수 있도록 참고서를 활용하거나 학교 과목의 특성과 난이도 등을 예상해서 대처해야 한다. 특히 과목 난이도는 학교마다 차이가 크기 때문에 미리 알고 들어갈 수 있다면 큰 도움이 된다. 학교별 사례를 많이 경험해본 롱텀 어드미션 컨설팅이 이 부분에서 더욱 힘을 발휘할 수 있다.

우리는 한국 학교에서 흔히 시행하는 선행은 권유하지 않았다. 선행은 성장에 큰 도움이 되지 않는다고 보기 때문이다. 무리한 선행은 오히려 시간을 소모하기 때문에 그보다는 훨씬 이전부터 계획된 성장 플랜을 적용하도록 했다.

글쓰기나 어학 실력에 관한 성장을 돕는 전략도 좀 다르게 접근한다. SSAT, SAT와 같은 Academic Language를 사용하는 시험들은 영어가 모국어인 해외 아이들도 따로 공부하지 않으면 다루기 어려운 시험이다. 일상생활에는 나오지 않는 단어가 많이 나오기 때문이다. 유학 기간이 길다고 해서 이런 시험이 당연히 대비되는 것이 아니기 때문에 적절한 학년에 적절한 방법으로 향상시켜주어야 한다.

특히 이런 시험들은 어딘가 제출할 필요가 있을 때 준비하는 경우가 대부분인데 그보다 먼저 준비를 시키는 공격적인 전략이 필요하다. 이런 시험들은 자신의 학교에서 받은 커리큘럼과 밀접한 관련이 있으므로 학교 GPA와 시험 성적이 동반 성장하는 경우가 많다. 그렇기에 학원과 밀접하게 연계하면서 학생의 실력을 끌어올리는 것이 성장 전략이다.

특히나 칼리지 에세이의 경우 외국인학교, 국제학교 등을 12년간 다녀도 제대로 쓰지 못하는 경우가 많다. 믿기 어렵겠지만 12년간 영어를 해도, 학교 GPA는 All A를 맞아도 에세이나 스피치 등이 훈련되어 있지 않은 경우도 많기에 대필 이슈가 생기는 것이다.

학교에서 좋은 GPA를 맞는 것과 본인의 에세이 실력을 올리는 것은 결이 다른 문제지만 에세이 실력을 높인다면 장기적으로 매우 유리한 입지를 차지할 수 있다. 그렇기에 이 또한 꾸준히 전략적 플랜을 유지하며 성장시켜야 한다. 이렇듯 롱텀으로 학생들의 성장을 도우면서 컨설팅적인 면에서도 전략이 들어가야 한다.

원서를 쓰는 시점이 되어 부모님을 만나면 항상 아쉬운 부분이 많다. 커리큘럼이 부족하거나, 시험 성적이 덜 나왔거나, 활동 부분이 부족하거나 등등 아쉬운 점이 많이 보인다. 이렇게 부족한 부분을 모두 전략으로만 채울 수는 없기에 롱텀을 통해 여러 가지 입시 전략이 빛을 발할 수 있도록 하는 것이다.

가장 확실한 어드미션 전략은 가장 높은 수준의 아카데믹 조건이다. 이것을 뛰어넘는 어드미션 전략은 없다. 먼저 지원하고자 하는 특정한 학교에서 어떤 조건을 갖춘 학생을 원하는지 미리 알고 준비해야 한다. 미국 및 해외 최상위권 대학만 해도 100개가 넘고, 그런 학교를 가기에 유리한 High School은 그 몇 배수에 해당한다. 또 그런 High School을 준비하기에 적합한 Middle School은 훨씬 범위가 넓다.

목표로 하는 학교에 점점 가깝게 움직이려면 그런 학교들이 원하는 조건을 충족해줘야 한다. 높은 GPA와 시험 성적, 활동 내역은 워낙 당연한 조건들이지만 그 외에 특정 학교에서만 필요로 하는 조건들도 있다.

수많은 활동 중에서 대학이 확실하게 알아보는 대표 활동이 있다. 합격이 매우 어려운 캠프나 올림피아드 수상 경력이라든가, 다니고 있는 학교의 대표 Position(Academic, Non-academic 포함) 같은 것들이다. 이런 활동이 확실한 도움이 되는 것은 사실이지만 이 또한 미리 준비하지 않으면 진행 자체가 어려운 것이 많다.

특정 학생만 진행하는 개인 대표 프로젝트가 있다. 원서 쓰기 전 마지막 학년에 다른 사람들이 모두 놀라는 '넘사벽' 활동을 하는 아이들이 있다. 이런 프로젝트는 그냥 기획만 한다고 해서 되는 일이 아니다. 자신이 그동안 한 활동들과 연결하지 않으면 의미가 없다.

학교, 지역, 나라 등 지원자가 속해 있는 환경 특성을 십분 활용해 원서에 도움이 되는 활동을 하는 학생들도 많다. 역시 이런 활동을 진행하려면 이런 활동들을 했다는 Evidence(증거)가 필요한데, 학생이 학교생활을 소홀히 하면서 이런 프로젝트만 나와서는 안 된다. 학생의 열정적인 학교생활과 태도가 곧 이런 전략의 핵심 Evidence가 되어야 하는 것이다.

칼리지 에세이를 포함해서 어드미션 에세이는 매우 중요하다. 물론 앞에서 열거한 활동에서 얻은 콘텐츠를 제공할 수 없는 에세이는 말장난일 뿐이다. 전략적인 어드미션 컨설팅에서는 적기에 입시 과정을 치르게 함으로써 질적 성장을 추구하기도 한다.

예를 들어 최근 문제가 되는 사례들처럼 한 학생이 같은 학교를 12년간 다녔을 경우, 당연히 학문적인 성장이 괄목할 만한 수준으로 이루어져야 하지만 실상은 그렇지 못한 경우가 많다. 같은 학교에서 같은 선생님, 같은 친구들과 지내느라 환경적인 부분에 너무 변화가 없을 때 학생의 동기와 함께 학업 능력이 떨어지는 경우가 많기 때문이다.

그러나 학생이 중학교에 들어갈 때 한 번, 고등학교와 대학교에 들어갈 때 각각 입시 과정을 치러본다면 학생의 각종 입시 조건이 좋아지면서 학생의 사기나 에너지도 올라가는 경우가 많다. 그래서 어드미션은 학생에게 매우 중요한 교육 과정으로 작용한다.

이렇듯 어느 학교에 지원하는 학생의 성장과 전략은 매우 유기적으로 결합되어 있다. 성장이 없는 전략은 활용하는 데 제한이 있으며, 전략이 없는 성장으로는 또한 자신을 표현하기 어렵다. 이런 메커니즘을 정확히 이해하고 움직이는 것이 바로 롱텀 어드미션 컨설팅이기에 십수 년간 성장과 전략에 주력해왔다.

그러면서 정보와 진행이란 키워드로 컨설팅을 확장해나갔다. 컨설팅이 정보와 매우 긴밀히 연관되어 있다는 것은 모두가 알고 있다. 그러나 십수 년간 일하면서 느낀 것은 아무리 정보가 많아도 일반 지원자는 이를 진행할 실행력이 부족하다는 것이었다.

　많은 사람에게 대학에 관한 학교 정보, 커리큘럼 정보 등 자료를 보내주며 교육도 시켜봤지만 여전히 정보에 목말라하고 제대로 실행하지 못했다. 실제로 정보를 전달한 후에 일정 시간이 지나서 다시 상황을 체크해보면 이전 그대로인 경우가 많았다. 이는 결국 자신에게 맞는 정보를 선별할 능력이 부족하다는 것이고, 정보가 주어진다고 해도 실제로 진행시킬 실행력이 부족하다는 것을 말해준다.

　우리는 롱텀 컨설팅을 통해 전략과 학생들의 성장에 치중하는 동시에 진행과 실행에 많은 투자를 하고 시스템을 정비했다. 그 결과, 학생들은 컨설팅을 통해 지속적으로 성장하는 커리어로 바뀌어갔고 전략적인 입시 컨설팅으로 세팅하는 동시에 정보와 진행이 움직이는, 진정한 어드미션 컨설팅으로 거듭날 수 있었다.

● Academic Growth(학업적 성장) 과정에 대한 체감 온도는 사람마다 다르다. 학업적인 성장이란 학교 내신 성적에 해당하는 GPA만 말하는 것이 아니라 SAT, TOEFL과 같은 Academic Test나, Essay, 문법, 단어, Subject 관련한 배경 지식 등 대학 입시에 필요한 총체적인 Skill들을 다 포함한다.

이에 관련한 재미있는 현상이 있는데, 아래 그래프는 학업 과정에 따라 부모가 생각하는 아카데믹한 성장곡선과 실제 교과 과정에 따른 성장곡선이 얼마나 차이가 나는지 직관적으로 보여준다. 또 그에 따라 어떻게 학업 성장 과정을 도와야 하는지를 표현해보았다.

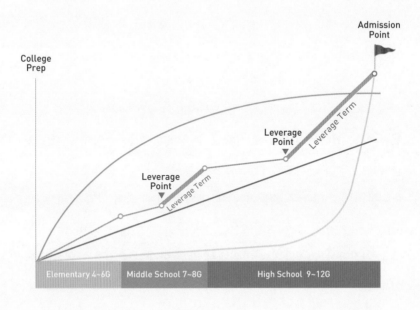

• 검은색 라인은 일반적으로 부모님이 생각하는 아이들의 아카데믹 성장선이다. 초·중·고 과정을 거치는 동안 자연스럽게 그리고 꾸준히 알아서 잘 성장해줄 것이라고 생각한다. 그런데 12학년, 즉 한국으로 치면 고3에 가까워지면서 다들 당황하는 사실이 있다. 학년에 맞는 자연스러운 성장만 가지고는 대학에 입학하기에 부족한 실력이라는 것을 뒤늦게 알게 되면서부터다. 그래프 우측 상단의 Admission Point가 대학 입학에 필요한 조건이라면 검은색 라인은 평균적으로 이에 못 미친다. 왜 그럴까?

한국의 학부모에게는 고등학교 졸업은 곧 대학교 입학이라는 자연스러운 공식이 성립하지만 애초에 고등학교는 꼭 대학 입학만을 위해서 존재하지는 않았다. 유학을 가거나 국제학교를 다닌다고 해서 무조건 대학 입학 자격 조건이 채워지는 것은 아니다. 많은 학비를 내고 교육을 시켰는데도 개별적인 대학 준비에 미흡했던 학부모들은 이 시기에 놀라움과 당황스러움을 경험한다.

• 노란색 라인은 학생의 성장 곡선이라기 보다는 학생들이 학교 수업만 받고 있다는 가정하에 실제로 체감할 수 있는 수업의 난이도다. 놀랍게도 수업 난이도가 급격하게 올라가는 시점은 중학교 이후 고등학교부터이고 많은 학생들이 이에 대한 준비가 되어 있지 않다. 어느 나라에서나 초등, 중등 과정에서는 공부량이 많지 않다. 그러다가 고등학교 기간에는 엄청나게 어려워져서 많은 학생이 좌절하는 현상이 벌어진다.

기울기가 클 수록 급격한 성장을 이루어야 하는 기간이 되는 것이고 그만큼 학생들이 고생을 하거나 원하는 대로 결과가 나오지 않는다.

● 초록색 라인은 학생이 성공적인 대학 진학을 위해 이상적으로 준비했으면 하는 스타일의 성장 패턴이다. 가능하다면 아이들이 뒤늦게가 아니라 초등, 중등 과정에서 영어, 수학, 과학, 언어 같은 기초 과목의 실력을 최대한으로 올려놓고 고등학교를 맞았으면 하는 바람이다. 이 경우에는 아이들이 어떤 분야로 가든지 움직일 수 있는 선택 폭도 넓고 입시에 스트레스도 덜하다. 수준이 어려워진 후 준비하면 늦다. 문제는 이 곡선은 이상일 뿐 극히 일부 학생에게만 보이는 현상이 되어버렸다. 어린 나이에 동기 의식을 가지고 이를 실행하는 아이들이 거의 없기 때문이다. 많은 학부모가 이런 패턴을 기대하고 아이들의 아카데믹 성장을 위해 시작하지만 마음처럼 따라오지 않는 경우가 대부분이거나 이런 식의 성장 패턴을 아예 생각하지 않는 경우가 많다.

● 빨간색 라인은 매우 현실적인 방법이며, 인사이트 컨설팅에서 채택하고 있는 방법이다. 중학교 입학할 때와 고등학교·대학교·대학원 진학 등을 '입시'라고 간주하고 이를 기준으로 일정 기간 집중적으로 실력을 끌어올리는 시간을 가지는 것이다. 입시 기간을 거치지만 계획에 없다면 실제로 전학을 할 필요는 없다. 다만 그 과정에서 성장만 남기는 것이다. 한 학생이 12년 내내 긴장 상태에서 최우수 성적을 유지하기란 매우 어려운 일이다. 그러므로 아이들에게 '좀 더' 집중해야 하

는 기간을 설정해주고 설정된 특정 기간에는 여러 가지 교육적인 시도를 함으로써 아카데믹 성장을 이뤄내는 방법이다. 투자 기법에서도 레버리지 효과라는 것을 사용하는데, 입시를 기준으로 성장을 촉진하는 기간을 레버리지 효과를 내는 기간으로 본다.

레버리지 포인트에 해당하는 시점에 컨설팅을 통한 적절한 성장을 이루어주면 학생의 아카데믹 커리어는 훨씬 효율적이고 효과적으로 극대화 시킬 수 있다. 또한 레버리지 횟수도 한 번보다는 여러번으로 나누는 것이 효과적이다.

03

커리큘럼의 힘

컨설팅을 시작하고 얼마 지났을 때였다. 막 수능이 끝난 시점이었는데, 사무실로 전화 한 통이 걸려왔다.

"저, 컨설팅하는 곳이죠? 이번에 수능을 본 학생인데요, 급하게 유학을 알아보려고요."

누가 봐도 발등에 불이 떨어진 상태였다. 예상은 적중했다. 수능을 완전히 망치고 갈 곳을 잃은 어린양이 급하게 유학을 서두르고 있었다. 어찌나 다급해 보이던지, 시기가 너무 늦어 엄청난 골칫거리가 예상되는 상황이라 맡으면 안 된다고 생각하면서도 마음이 쓰여 결국 컨설팅 의뢰를 받았다. 대학 원서까지 두 달도 안 남은 상태였다.

바로 학생의 자료가 넘어왔고 그때부터 미친 듯이 분석하고 정리하여 원서를 쓰고 갈 수 있을 만한 학교들을 추려서 지원했다. 성적에 맞추어 갈 만한 학교에서 원하는 인재로서 이 학생이 어느 정도 적합한지, 또는 적합하게 보일 수 있을지 연구하고 밤을 새며 서류를 만들어

지원했다.

그 결과 미국에서 40~50위권에 드는 명문 주립대학교에 합격했다. 준비한 기간과 학생의 컨디션을 고려하면 기적 같은 성과였다. 학생도 학부모도 굉장히 고마워했지만, 막상 컨설팅을 마치고 난 뒤에 허탈감이 들었다. 과연 그 학생이 진짜 꿈을 펼칠 수 있는 방향으로 잡아준 것인지, 가서 잘 적응하면서 생활할 수 있을지 확신하기에는 시간이 너무 부족했기에 아쉬움이 컸던 것 같다.

그 친구의 성공적인 합격 사례는 동네방네 소문을 내고도 남을 만한 실적이었지만 그 당시 나는 단발적으로 컨설팅해주는 것에 근원적인 회의가 들었다. 다른 말로 하자면 어드미션에 대한 좀 더 본질적이면서도 아주 비판적인 의문이 들었다. '유학도 하지 않았고 국제학교도 다니지 않았는데 이 정도 시간을 들여 이렇게 입학이 가능하다고?' 분명 성공적인 경우였지만 오히려 고생고생하며 고등학교 때부터 혹은 그 이전부터 유학을 준비하고 있는 수많은 아이의 대학 합격 실적을 의심(?)하게 만드는 결정적인 사건이 되었다.

뭔가 잘못된 부분이 있다. 그렇다면 더 일찍 유학을 준비한 학생들에게는 더 좋은 실적이 상응하게 나와야 한다. 미국에서의 케이스 스터디를 포함해서 그동안 어드미션 컨설팅에서 가장 중요하다고 생각한 것, 게임의 판을 바꿀 수 있고 합격할 수 있는 학교가 천지 차이가 나도록 만들 수 있는 것이 무엇일까 고민하면서 떠올린 것이 바로 커리큘럼이다.

애초에 롱텀 컨설팅이 기획된 배경에는 커리큘럼의 영향이 가장 컸다. 커리큘럼은 지원자가 할 수 있는 일 중에서 가장 중요한 부분일 수도 있는데 이를 놓치는 경우가 부지기수였다. 계획 없이 급하게 유학가서 미처 커리큘럼을 몰랐다는 사람을, 거짓말 조금 보태서 백만 명은 만난 것 같다. 유학 가는 데 급급하여 아이가 유학 간 첫해에 숙식, 이동, 친구 문제 이런 것에 관해서만 잔뜩 이야기하다가 정신 차려보니 10학년, 11학년이 되어 있더라는 이야기도 많이 들렸다.

11학년 2학기, 즉 원서를 8개월 정도 남긴 시점이고 대학에 제출해야 하는 6개 학기 성적 중 이미 6개 학기 커리큘럼 배정이 끝난 상태에서 컨설팅을 시작하고서는 GPA가 높은데 아이비리그를 왜 못 가는지 이해를 못 하겠다는 사람도 있었다. 또 학교의 다른 백인은 허용해주면서 동양인에게 AP 영어를 배정해주지 않는다면서 당황해하는 분들도 적잖이 봤다.

모두 유학 가기 전에 알았어야 하는 정보이건만 이렇게 무수히 많은 사람이 한국에서의 교육비보다 몇 배를 쓰면서 교육 환경을 제대로 이용하지 못하고 있었다. 결국 커리큘럼을 제대로 알지 못하고 활용하지 못한 이유였다.

미국 대학에서 지원자를 심사하는 요소는 매우 다양하지만 그중에서도 모든 과목의 GPA 비중이 가장 크고 중요하다. 한국에서 말하는 내신이다. 그런데 많은 사람이 GPA의 중요성을 알고 노력은 하는데 미국 대학에서는 학점의 평점만 중요한 것이 아니라 과목의 구성과 난이도가 매우 중요하다는 사실을 잘 모른다.

한국 고등학교의 경우 같은 학교를 다니는 학생들은 커리큘럼상 서

Factor	Considerable Importance	Moderate Importance	Limited Importance	No Importance
Grades in All Courses	80.9	10.4	5.8	2.9
Grades in All College Prep Courses	70.8	17.5	8.8	2.9
Admission Test Scores (SAT, ACT)	52.3	30.8	14.5	2.3
Strength of Curriculum	51.2	29.4	12.9	6.5
Essay or Writing Sample	16.7	36.9	20.8	25.6
Counselor Recommendation	10.8	46.1	28.7	14.4
Student's Demonstrated Interest	15.5	21.4	34.5	28.6
Teacher Recommendation	7.1	46.4	29.2	17.3
Class Rank	9.3	27.9	36.0	26.7
Extracurricular Activities	3.6	34.9	40.8	20.7
Subject Test Scores (AP, IB)	4.2	28.9	28.3	38.6
Portfolio	5.4	7.2	27.5	59.9
Interview	3.6	14.3	29.2	53.0
Work	1.8	17.8	41.4	39.1
SAT II Scores	6.6	3.0	19.9	70.5
State Graduation Exam Scores	1.8	8.3	17.9	72.0

Source: NACAC admission trends survey

로 거의 차이가 없다. 대부분 같은 과목을 듣고 학생에게 과목 선택권은 거의 주어지지 않는다. 그러나 미국, 영국 등 해외 학제인 경우는 과목 난이도가 학생별로 매우 다양하며, 많은 경우에 학년별로 수업을 듣는 것이 아니라 난이도별로 수업을 듣는다. 즉, AP Calculus라는 수업을 12학년과 10학년이 같이 들을 수도 있는 것이다. 바로 이 수업 난이도가 대학에서 학생을 평가하고 식별하는 결정적인 단서를 제공하게 된다.

절대평가가 기본인 미국 학제에서 나와 내 친구들 모두 모든 과목에서 All A를 맞았다고 하면 서로 다른 점이 없게 된다. 그러나 여기에 변수를 주는 출신 고등학교의 수준, 즉 **그 학생이 듣는 수업의 난이도, 학생의 GPA, 다른 아카데믹한 성적들** 등 여러 요소가 혼합되면서 엄청나게 다양한 경우의 수와 수준 차이가 발생하게 된다. 바로 여기에서 미국 아이들과 국내 아이들의 결과가 달라진다.

학생의 커리큘럼 구성은 건축으로 치면 뼈대에 해당한다. 가장 먼저 세워야 하는 틀이다. 다른 활동이나 스펙이 이 학생에게 좋은 옷 하나를 사 입힌 것이라면 학생의 커리큘럼 구성은 바꾸기 쉽지 않은 DNA와 같다. 그리고 학생의 커리큘럼을 보여주는 성적표는 지문과 같다. 한 장짜리이지만 많은 정보를 보여주고 다른 학생과의 차이를 극명하게 드러낸다. 따라서 커리큘럼은 매우 장기적인 측면에서 관리되어야 하고 계획되어야 한다.

"아직 실력이 부족해서 SAT는 못 한다고 하네요. 아직 준비가 덜 되었다고 TOEFL 공부만 하래요. 그런데 내년에 벌써 대학 원서인데 지금 이렇게 TOEFL 공부를 하고 있는 게 맞는지 불안해요."

이제 막 10학년 2학기였던 한 학생의 부모가 너무 불안하다며 찾아와 했던 말이다. 말인즉, 어느 유학원을 통해 유학을 갔고 그 유학원에서 여름방학 플랜을 이렇게 짜주었다고 했다. 이론적으로는 틀린 말이 아니었다. 아직 토플 점수도 완벽하지 않은데 SAT라니.

하지만 이런 속도라면 내년에 지원할 수 있는 대학은 분명 50위에서 70위 밖으로 떨어질 게 뻔했다. 토플만 계속 공부한다고 해도 점수가 완벽하게 나오는 시점은 어쩌면 영원히 오지 않을 테니 말이다. 시간 안에 조건을 만들기 어렵다면 전략이 필요한 시점이었다.

이에 우리는 다른 곳에 주목했다. 현재 듣고 있는 학생의 과목, 학점, 영어 실력, 학교 선생님들의 코멘트, 이 학생이 다니고 있는 학교의 커리큘럼 특징 등등 다양하게 분석했다. 그리고 전매특허인 거꾸로 계획 세우기에 들어갔다. 목표로 하는 지점부터 계획이 내려오다 보니 여름방학에 할 일이 분명히 보였다.

"올 여름방학에 SAT 합시다. 그리고 커리큘럼 플랜 다시 세우시죠."

조언을 적극적으로 받아들인 학생은 여름에 SAT 공부에 매진했고, 의지가 높아 예상 점수도 가파르게 올라갔다.

"정말로 제가 11학년에 AP 과목을 4개나 할 수 있을까요? 이건 우리 학교에서 정말 잘하는 형도 힘들어하던데요."

"전혀! 그동안의 데이터와 케이스를 기반으로 볼 때 지금 이 시점에서 넌 분명히 할 수 있어."

처음에는 자신 없어 하던 학생도 방학 동안 SAT 성적이 어느 정도 올랐고, 여러 사례를 알려주자 자신감을 보였다. 마침내 방학 중에 학교와 다시 상의하여 11학년에 AP를 4과목 배정받는 데 성공했다. 11학년 기간 동안 GPA를 유지하느라 힘들어했지만 어차피 11학년은 누구에게나 힘든 시기였다.

무사히 11학년을 잘 마친 이 학생은 Early Admission(조기전형)으로 그 어렵다는 카네기 멜론 이과에 합격했다. 훗날 이 친구는 재학 중에 같은 학교 공대로 바로 전과했다. 합격 소식을 듣고 믿을 수 없어 하던 학생과 학부모님의 목소리가 아직도 귀에 들리는 듯하다.

사실 이 학생의 경우, 거의 마지막 순간까지 토플과 SAT가 목표치보다 살짝 덜 나왔다. 하지만 점수보다는 학교 성적을 훨씬 중시하는 대학의 특성에 따라 이 학생의 탄탄한 커리큘럼을 내세웠고, 그것은 매우 적절한 전략이었다.

이런 식으로 수많은 학생이 명문 학교에 입학했다. 특히 최상위권 학생들 중 커리큘럼 전략 없이 된 학생은 거의 없다고 봐야 한다. 쉬운 케이스는 단 한 건도 없었다. 겉치레가 아니라 속까지 바꿔야 하는 일이었기에 매번 고통스럽고 에너지가 많이 나갔다. 하지만 그만큼 결과는 달콤했다.

커리큘럼은 대학 입학에서 차지하는 비중이 매우 큰 영역이다. 안타깝게도 컨설팅 상담 중에 여전히 학교의 수준에 대해서만 묻지, 진행하는 커리큘럼에 대해 묻는 이들은 없다. 그만큼 잘 알려지지 않은 전문 영역이다. 입시에서 체감하는 커리큘럼의 비중은 거의 70퍼센트 정도에 해당한다. 커리큘럼을 얘기하지 않는 곳은 어드미션 컨설팅이라고 보기가 어렵다.

대학을 잘 가려면 고등학교 커리큘럼이 잘 계획되어 있어야 하고, 고등학교에 유리한 커리큘럼을 받으려면 중학교 때부터 계획되어야 한다. AP나 IB, A-level처럼 전문 커리큘럼에 대한 해박한 지식이 있어야 하고, 이런 커리큘럼을 어떻게 정하는지에 따라 학생의 성적과 성과는 큰 차이를 보인다.

커리큘럼이 잘 계획된 학생의 커리어는 개성이 뚜렷해지고 깊어진다. 서류만 들여다봐도 어느 분야를 얼마나 깊이 관심 있게 연구했는지 나타나기 때문에 사회적 균형이 잘 맞춰진 인재라는 인상을 준다. 이렇듯 롱텀 컨설팅에 있어 커리큘럼에 포커스를 맞추고 컨설팅을 하다 보니 아이들의 커리어는 힙hip하고 딥deep하게 바뀌었고 지원하는 학교마다 합격을 이끌어내게 되었다. 또 우리 회사는 점점 극상의 하이엔드 서비스를 추구하며 차별화되었다.

04

적절한 결정이 모여
전략이 된다

커다란 비커에 먼저 큰 돌을 담고, 그다음 작은 돌을 담고, 마지막에 물을 담으면 커다란 돌만 비커에 담았을 때보다 같은 크기의 비커에 더 많은 양의 돌을 담을 수 있다. 그런데 반대의 방법을 사용하거나 순서 없이 마구 담는다면 처음과 같은 양을 다 담을 수가 없다.

롱텀 컨설팅에서도 마찬가지다. 가능한 한 정해진 시간에 많은 것을 효율적으로 운영할 수 있도록 계획하되, 우선순위가 높은 것부터 짜고 단기적인 것들은 사이사이 넣어야 한다. 당연한 듯 보이지만 이렇게 계획을 짜는 게 어렵고, 실행하는 건 더 어렵다. 입시에 있어 무엇이 물이고 무엇이 모래인지 잘 모르기 때문이다. 이 과정에서 시행착오를 겪고 가장 효율적인 프로세스를 터득한 경우에만 효율적인 계획을 짜서 가장 많이 담을 수 있다.

적절한 계획을 짜는 것은 어려운 일이다. 머릿속에 계획이 있어도

계획의 중요성

막상 펜을 들고 계획을 그려보라고 하면 멈칫하게 된다. 생각보다 많은 정보가 필요하기 때문이다. 지난 수년 동안 직원이나 후배나 같이 일하게 되는 파트너 등의 능력을 시험하기 위해 계획이나 예산표를 짜 오라고 요청한 적이 있다. 생각보다 잘하는 경우는 거의 없었다.

계획을 잘 짜려면 각각의 계획에 들어가는 수행을 정확히 이해해야 하고, 효과적인 타임라인에 대한 전략, 만일 계획에 멘토나 선생님들처럼 인적 인프라도 포함되어 있다면 그 인물들의 정확한 일정까지도 알아야 한다. 비용이나 쏟는 에너지의 강도와 소요 시간도 정확히 파악하고 있어야 한다. 시간도 필요하지만 변수도 예상되어야 한다.

이런 요소들 때문인지 대부분은 계획을 짜라고 하면 못 하겠다고 하면서 중도에 포기한다. 어드미션 컨설팅은 이런 어려움을 해결할 수 있어야 한다. 롱텀 컨설팅은 수많은 선배와 사례에서 얻어낸 최대한 효과적인 타임라인을 가지고 있기에 치밀한 계획으로 부족할 수 있는 실력이나 불균형도 메울 수 있다.

때로는 계획표까지 짜줘야 하느냐고 반문하는 경우도 있다. 물론 목표 지점까지 해야 할 일을 빠짐없이 알고 있다면 직접 짜도 되지만 대부분 모른다. 계획을 잘 짜려면 학교와 학년에 따라 어떤 트랙으로 대학을 준비하는지, 어느 나라 대학인지 등등 수많은 조건마다 플랜이 달라지고 중간중간 성취 여부에 따라 수정되어 거꾸로 내려오기를 반복해야 한다. 지킬 수 없는 계획이라면 세우는 데 힘을 뺄 필요가 없다. 이미 앞에서 수많은 시행착오를 한 사람들이 있고 그들이 어렵게 찾아 놓은 길을 굳이 멀리 돌아갈 필요는 없지 않은가.

또 몇 년간 짜놓은 장기 계획을 보면 과연 이걸 다 할 수 있냐고 놀라서 물어보기도 한다. 어려울 것 같아 보이는 것이 되는 데는 치밀한 계획과 운영 능력의 힘이 있기 때문이다. 학교 가는 날은 1년에 150일에서 180일이다. 나머지는 방학이나 주말, 공휴일이어서 학교를 가지 않는데, 학교 가는 날 이상으로 많다. 방학과 방학이 아닐 때, 학교 가는 날과 가지 않는 날, 온·오프를 적절하게 활용하여 대역전극을 펼친 학생들의 케이스가 수도 없이 많다.

장기적으로 볼 때 효율적으로 계획을 운영하려면 빠른 결정도 좋은 전략이 된다. 11학년이 된 학생을 둔 어머니가 어느 날 회사를 찾아와 이렇게 선언했다.

"원장님, 아무래도 우리 아이가 심리센터를 가봐야 할 것 같아요. 학교에서도 그걸 권하네요."

11학년에서 가끔 보는 장면이다. 지금까지 열심히 잘해오다가 학점이 갑자기 요동치기 시작했고 그로 인한 심한 압박감과 심적인 스트레스를 받고 아이가 번아웃 증후군을 호소하는 상황이었다. 누구도 원하지 않았고 누구의 잘못도 아니었다. 하지만 이런 상황을 방지할 수 없는 것은 아니다. 학업 수준이 급격하게 올라가는 때를 미리 예측하고 장기적으로 대비했다면 결과가 달랐을 수도 있다.

국제 계열로 학교를 보내는 학부모는 대체로 아이들이 자유롭고 좀 더 여유 있게 생활하기를 원한다. 예체능도 열심히 시키고, 학업적인 스트레스를 받지 않게 하려고 압박도 하지 않는다. 그러다 고등학생이 되면 갑작스럽게 학업이 어려워지고 해야 할 일이 기하급수적으로 늘어나며 모든 면에서 잘할 것이 요구된다. 엄청난 병목현상이 벌어지면서 심각한 스트레스를 유발하는 것이다. 어차피 인생의 한 지점에서 발생할 수 있는 경쟁이라면 미리 준비시키는 것이 낫다.

학부모들 중에서는 독립적인 태도를 교육시킨다는 이유로, 아이의 의견을 들어준다는 이유로, 혹은 아이의 상황을 좀 지켜본다는 이유로 지나치게 늦게 결정하는 경우가 많다. 유학 시기를 놓친다든지, 아이에게 필요한 도움을 제때 주지 못거나 하는 경우다.

부모님들의 신중한 마음은 당연히 이해되지만 다른 대안도 없이 결정만 늦어져 아이가 모든 스트레스를 뒤집어쓰는 경우를 많이 봤다. 결국 성과를 내는 것은 아이이고 최종 결정을 내리는 이는 부모이기에 좀 더 이성적인 판단이 필요하다고 본다.

모든 아이에게 똑같은 시간이 주어졌을 때, 시간을 어떻게 관리하느냐에 따라 결과는 충분히 바뀔 수 있다. 그렇기에 장기적인 계획하에 빠른 결정들이 모일 때 자신에게 가장 알맞은 전략을 세울 수 있다.

05

실패도 계획의 일부다

By failing to prepare, you are preparing to fail
준비를 제대로 못 하면 실패를 준비하게 된다.

– 벤저민 프랭클린

첫 선생님으로서 나의 역할은 실패였다. 대학생 때 중학생 2명을 처음으로 가르쳐본 적이 있다. 경험이 매우 부족한 상태였지만 아이들을 사랑하는 마음으로 열심히 임했다. 그러나 열정만 있었을 뿐 계획과 전략이 부족했다. 아이들이 힘들어할 때면 위로해준다고 수업을 빼고 같이 놀아주거나 이야기를 들어주었다. 공부하기 싫어할 때면 맛있는 것도 많이 사주었다.

당연히 아이들은 나를 좋아했고 잘 따랐다. 내가 만일 그 아이들의 '언니'였다면 좋은 역할을 한 것이지만 나는 그들의 성적을 올려야 할 과외 '선생님'이었다. 수학 성적을 올리지 못했으니 당연히 제 역할을 못 한 것이다.

이 첫 실패는 이후에 엄청난 교훈이 되었다. 목표가 없이 섣불리 도와주려 하지 말 것, 선생님과 상담자의 역할을 혼동하지 말 것, 하나를 가르치려면 나는 세 배로 더 공부해야 한다는 것, 목표로 한 결과를 만들어주는 것만이 결국 그 아이들을 진심으로 돕는 것이라는 점 등이다. 어드미션 컨설팅을 시작하면서 그때의 경험은 더욱 빛을 발했다.

"선생님, 저는 정말 에세이에 쓸 내용이 없네요. 아무리 생각해도 없어요."

"잘 생각해봐. 정말 하고 싶은 이야기가 없어?"

"저는 정말 잘한 게 별로 없는 거 같아요…."

"아니, 무언가를 잘한 것만 이야기할 필요는 없어. 뭔가를 느꼈거나 잘 안 된 것도 괜찮아."

"그럼…. 제가 전에 친구랑 온라인 쇼핑몰 만들었다가 실패한 이야기를 할까요? 3일 만에 망하긴 했지만요. 하하하."

이거다 싶어 학생과 이야기를 시작했다. 친구가 도와 달라고 해서 둘이 야심 차게 쇼핑몰을 시작했는데 모르는 것이 너무 많아서 고생한 이야기, 첫 손님이 왔는데 대응을 못 해서 놓친 이야기, 결국은 부모님들께 혼나고 접어야만 했던 이야기 등 재미있는 에피소드가 많았다. 이야기를 하는 동안 아이의 눈은 빛났고 표현이 정말 생생해서 그림이 그려지는 듯했다.

"다시 하면 이제는 성공할 수 있을 것 같아요."

이렇게 말하면서 환하게 웃는 아이의 모습을 보니 그사이 많은 것을 배웠구나 싶었다. 이 이야기를 잘 풀어내어 칼리지 에세이도 작성하고 학교 선생님들께 추천서 작성 용도로 준비해서 드리는 짧은 에세이 패킷도 같이 만들어서 보냈다. 추천서를 쓰려면 학생의 스토리를 전달하는 것도 준비의 일부였기 때문에 이 내용을 에세이 형태로 정리해서 보내 드렸다.

"선생님, 큰일 났어요! 저희 학교 카운슬러 쌤이 제가 드린 에세이를 너무 재미있게 잘 읽었다고 하시면서 그걸 복사해서 모든 대학에 보내버리셨다네요! 어쩌죠?"

그건 추천서 쓰시기 좋게 참고 자료로 드린 것이지 대학에 발송할 서류는 아니었기에 당황스러웠다. 학생도 대학 입시에 영향을 미칠 수도 있는 건 아닐까 걱정하기 시작했다.

"네가 실수한 것도 아니고 학교 쪽에서 보낸 서류는 그래도 대학에서 많이 감안해주니 괜찮을 거야."

이렇게 말했지만 우려가 되긴 했었다. 그러나 그것이 카운슬러의 실수였든 의도였든 결과적으로 대성공이었다. 학생이 지원한 대부분의 학교에서 합격을 받은 것이다. 예상치 못한 방향으로 상황이 흘러가긴 했지만 학생의 생생한 에피소드는 지원자의 캐릭터를 매우 입체적으로 보이게 하는 데 결정적인 기여를 했다고 생각한다.

미국 대학 칼리지 에세이 주제 가운데 실패에 대해 이야기해보라는 것이 있다. 왜 실패를 물어볼까? 아마 실패했던 경험에서 많은 것을 배우고 느끼며 때로는 앞으로 인생에서 큰 전환점이 되는 계기가 될 수도 있기 때문일 것이다.

그런데 한국 학생들에게 실패란 해서는 안 되는 것이 되어버렸다. 실패할 시간도 없고 실패할 기회도 없다. 도대체 실패를 언제 해보려고 하는 것인가? 아이들과 칼리지 에세이 때문에 이런저런 브레인스토밍을 하다 보면 너무나 많은 아이가 삶의 굴곡 없이, 커다란 장애 없이 살아왔음을 알 수 있다. 그것 자체가 나쁜 것은 아니지만 어떤 면에서 보면 우리 아이들이 경험할 수 있는 기회가 너무나 제한된 것은 아닌가 하는 생각이 든다.

미국에 살 때 매일 출근길에 직접 집을 짓는 가족을 마주치는 일이 있었다. 미국에서는 인건비가 비싸서 어지간한 집수리는 각자 알아서 하는 경우가 많고 Home Depot이라는 대형 매장에서는 집을 완전히 지을 수 있을 정도의 도구, 건설, 가전제품을 판다. 고속도로에 진입하기 전에 있는 집이었는데, 공터였던 곳에 집의 뼈대가 올라가고(미국 주택들은 나무로 많이 짓는다) 지붕이 올라가는 모습을 매일 보게 됐다. 재미있는 점은 그 집을 짓는 데 열 살 안팎으로 어려 보이는 형제도 힘을 보태고 있었다는 사실이다.

어느 날은 아빠와 형제가 지붕에 올라가서 뭔가 열심히 작업을 하기도 했고 벽돌과 물건을 같이 나르기도 했다. 조금씩 완성되어가는 집을 보면서 저 형제들처럼 어린 나이에 집을 지어본다는 것은 어떤 느낌일까 매우 궁금했다. 그 나이의 한국 아이들이면 부모가 아직까지 애지중지 조심해서 키울 텐데, 저 아이들은 자신들이 살 집을 직접 지어보다니! 세상이 두렵지 않을 거란 생각이 들었다.

미국의 고등학교 아이들은 자동차 운전을 해서 학교를 다니고 부모를 떠나 독립할 생각을 한다. 대학을 선택할 때도 어느 학교 학비가 싸고 장학금이 많이 나오는지를 기준으로 판단한다. 부모가 대학 학비를 무조건 돕지는 않기 때문이다. 학교에서도 은행 계좌를 여는 방법, 수표를 어떻게 쓰는지도 배운다. 이런 생활이 훨씬 좋다고 말하고 싶은 건 아니지만 그에 비해 우리 한국 아이들은 지나치게 '곱게' 자라는 것 같은 생각도 든다. 아니, 지독하게 순탄하게 살고 있기에 실패에 익숙지 않다고 보는 게 맞을 것이다.

최근 보았던 에세이 가운데 인상 깊었던 것이 있다. 자신의 실패에 대해 쓴 에세이였다. 특정한 전공을 정하려고 노력했으나 선택하는 전공마다 실패를 거듭했던 그 학생은 결국 최상위 대학 입시에서 성공했다. 어떻게 대학에서 그 학생을 받아들였을까? 학교에서는 그 학생이 실패했다고 생각한 것을 시도로 본 것이다. 시도는 실패나 성공 같은 결과가 있는 게 아니라 그 자체로 가치가 있는 행동이다. 사실 성공과 실패를 어린 학생들에게 적용하기에는 무리가 있다고 보기에 아무것도 시도하지 않는 사람보다는 적극적으로 시도하는 학생을 뽑은 것이다.

이처럼 학교는 뭔가 시도하는 학생들을 선호한다. 어쨌든 도전을 통해 뭔가 새로운 것을 배우고 문제해결력을 키울 수 있다고 보는 것이다. 그러니 실패도 계획의 일부가 되어야 한다. 다만 새로운 시도로 시각을 바꾼다면 얼마든지 인정받는 커리어가 될 수 있다.

06

전공 탐색

내 전공은 '전문성을 가지고
남을 도와주기'입니다

"전공은 아직 안 정했죠? 좋아하는 분야가 뭐예요?"

"음, 생물이요. 수학도 좋아요."

"아니, 어떤 것을 할 때 가슴이 두근거려요? 시키지 않아도 어떤 것을 할 때 행복해요? 학업 관련한 게 아니어도 괜찮아요."

이렇게 질문하자 아이의 눈이 순간적으로 반짝거리며 대답했다.

"춤출 때요!"

컨설팅을 할 때 전공 이야기를 꺼내면 우물쭈물하는 경우가 많지만, 좋아하는 것이나 가슴 뛰는 게 무엇인지 물으면 재미있는 답이 나온다. 춤, 요리, 농구, 아트, 보컬, 영화, 영상, 드라마, 디자인, 패션, 게임 등등 정말 다양하다. 전공에 대한 접근은 이렇게 하는 게 좋다. 이제막 9학년이나 10학년이 된 학생에게 대놓고 전공을 묻는 건 너무 이르고 가혹하다.

물론 크게 Science, Medical, Humanity, Social Studies처럼 굵직한 트랙을 정해두는 것은 나쁘지 않다. 그러나 아직 생각도 없는 전공을 콕 찍어서 억지로 정해놓을 필요는 없다. 전공이 정해지지 않았다고 하면 대부분의 학부모가 불안해하지만 미국 대학 준비에 있어서는 아무 지장이 없다. 어른들 가운데 평생 전공이 안 바뀌는 사람은 없지 않은가. 오히려 지금 아이들이 말하는 그것! 그것은 이 아이들의 전공과 직접적인 관련이 없어 보이지만 앞으로 이 아이들을 성공시킬 매우 중요한 열쇠다!

한 남학생을 컨설팅할 때였다. 그는 뚜렷한 관심사를 찾지 못해 선생님들과 몇 차례 회의할 정도로 고민하고 있었다. 성적은 나쁘지 않았지만 학교 대내외적인 활동 중 대표할 만한 것을 찾기가 어려웠다(사실 컨설팅에서 매우 자주 만나는 경우이기는 하다). 우연찮게 스치듯 지나쳤던 게임 이야기가 떠올랐다.

"게임 좋아한다고 했지? 좋아하는 게임은 뭐야? 선생님은 게임을 안 해서 잘 모르거든."

"제가 게임을 좋아하긴 하는데, 실은 실제로 플레이하는 거보다는 분석 영상 만들어서 포스팅하는 것을 좋아해요."

"그래? 유튜브에 올리고 있어? 한번 볼 수 있을까?"

알아보니 학생이 만든 분석 영상은 매우 특별했다. 우리는 이 게임 영상을 이용해 포트폴리오를 만들기로 했다.

"선생님, 그런데 게임으로 부각시키기엔 좀 그렇지 않을까요? 게임 많이 한다고 하면 대학에 오히려 부정적으로 보이지 않을까요?"

게임을 많이 한다고 하면 부정적으로 보진 않을까 하는 부모님의 걱정이 이해가 되었지만 설득했다.

"괜찮습니다. 게임은 이 학생의 캐릭터를 표현하는 하나의 효과적인 수단일 뿐이에요."

학생의 칼리지 에세이에는 그가 왜 분석 영상을 좋아하는지, 어떤 것을 느꼈는지, 자신의 삶에 어떤 의미인지 등등을 녹여냈다. 2D처럼 밋밋해 보이던 학생의 원서는 어느새 입체감 있고 개성 있는 원서로 확 살아났다. 워낙 경쟁이 센 학교를 다니고 있었는데 그 어려운 학교에서, 그 치열하다는 Early Decision을 통해 수많은 경쟁자를 제치고 아이비리그에 합격했을 때 모두가 환호했다. 더군다나 그 어렵다는 Computer Science 전공으로 합격한 것이었다.

인사이트컨설팅을 통해 입시에 성공한 사례는 대부분 이런 식의 장점 강화와 다양화 전략으로 대학의 문을 연 것이다. 구슬이 서 말이라도 꿰어야 한다. 0.1% 인재라 해도 잘 꿰어야 하고 꿰는 시작이 관심사에서 출발할 때 기회가 찾아온다. 이러한 성공 사례를 바탕으로 우리는 전공 선택에 대한 나름의 기준을 잡을 수 있었다.

'전공은 자신이 제일 좋아하고 잘하는 관심사에서 출발해야 한다!'

청소년기와 대학 시절에 나는 명확한 전공을 정하지 못했다는 죄책감에 시달린 적이 있다. 다른 친구들과 달리 나만 전공을 정하지 못해 방황하는 것 같아 마음이 불편했다. 나중에 보니 다른 친구들도 비슷한 고민을 하고 있었다. 왜 그랬을까? 뭘 해도 중간 이상은 했지만 똑 부러지게 재밌는 게 없었고 더 정확히 말해 뭐가 있는지도 몰랐다.

그러다 번역 회사를 거쳐 교육 회사로 들어가 여러 학생의 진학을 지도하다 보니 보람이 생겼다. 한창 열매를 맺어가는 과정이었던 것 같다. 그러던 어느 날, 학생들의 어드미션을 위해 데이터와 싸우며 일하고 있는데 기분이 이상했다. 몸은 힘들지만 마음은 참 가벼웠다. 아이들의 더 나은 진학을 위한 아이디어를 짜고 활동들을 개발하는 과정에 희열을 느꼈다고 할까.

문득 다른 사람의 인생에 좋은 영향을 미치는 일을 한다는 사실이 신나고 재밌었다. 그때 알았다. 내가 남을 도와주는 것을 참 좋아한다는 사실을. 인생에서 가장 큰 발견이었다. 그냥 도와주는 것이 아니라 나만이 가진 전문성으로 프로페셔널하게 도와주는 것, 그게 바로 평생 찾아다니던 전공이었던 것이다. 그제야 비로소 나는 나의 전공을 규정할 수 있었다.

'내 전공은 전문성을 가지고 남을 도와주는 것입니다.'

이러한 발견이 가슴 떨리게 기쁘면서도 허탈한 마음도 들었다. 전공이란 것이 리스트에 있는 것 중 하나를 고르는 것이 아니라 이렇게 문장형으로 완성해도 된다는 사실을 그때 알았더라면 예전에 그렇게까지 고민을 하지는 않았을 것 같은 생각이 들었다. 이제라도 알았으니 나와 같은 고민을 하는 수많은 청년에게 알려주고 싶다. 전공이라는 것이 한 분야에 나를 맞춰야만 하는 것이 아니라 나에게 맞는 문장을 완성하듯 만들어낼 수 있는 것이라는 점을.

컨설팅을 하면서 수많은 학생의 전공 선택에 관여할 수밖에 없는

데, 지금도 지키는 원칙은 성급하게 찾지 말라는 것이다. 전공과 관심사는 다르다. 딱딱 맞아떨어지는 전공을 찾는 건 어찌 보면 평생 자신이 풀어야 할 숙제와도 같은 장기전이 될 수 있다. 그러니 조급하게 결정할 필요가 전혀 없다. 오히려 자신이 좋아하는 것, 관심 있게 생각하는 분야부터 접근해 부지런히 자신을 찾아가는 연습을 대학에서 경험하며 생각을 넓혀가는 것이 좋다.

전공을 탐색하는 과정은 크게 두 가지인데, Content vs. Channel과 Major vs. Interest로 나누어 생각해볼 수 있다. 바이오를 공부하고 싶어 하는 학생이지만 영화 관련 활동이 매우 뛰어나다면 학생에게 콘텐츠는 바이오 분야가 되고, 다양한 특별 활동은 자신을 표현하는 채널이 된다. 특히 영화를 만드는 활동을 통해 자신이 하고 싶은 메시지를 표현할 수도 있다.

히스토리에 흠뻑 빠진 친구가 있었다. 요즘 보기 드문 이 학생은 역사가 너무 좋아 혼자 리서치를 하기도 하고 세미나에도 참석했다. 그런데 이 친구는 평소 그림 그리는 것도 잘해서 대회에 나가 수상도 많이 했다. 겉으로 보기에 이 친구는 역사 쪽으로 얻은 성과보다 아트로 얻은 성과가 더 크다. 그러나 이런 경우, 하고 싶어 하는 콘텐츠로 전공하되 여러 가지 아트를 통해 자신을 표현하면 훨씬 능력이 극대화될 수 있다.

원서에서 학생의 캐릭터를 더 입체적으로 보여주려고 Supplement (보충 자료) 같은 장치를 이용한다. 학생이 평소 즐기는 활동이나 선호하는 관심사로 학생을 잘 표현하게끔 도와준다. 예를 들어 어떤 학생이 환경운동에 갑자기 관심을 가지게 되고 소신 있게 말하고자 하는 부분

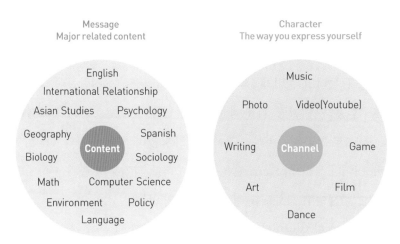

Content vs. Channel

이 생겼다고 하자. 그때 이런 메시지를 가장 잘 전달할 만한 것이 뭐가 있을까 생각하다가 평소 본인이 좋아하는 영화를 생각하고 단편 영화를 만들 수도 있다. 이 학생은 영화를 전공한다기보다는 자신의 관심사인 환경 쪽으로 전공을 택할 확률이 높다. 이때 이 학생이 제작한 영화가 Supplement로 들어갈 수 있다.

Supplement는 대학 지원 시 추가적으로 제출되는 자료인데 필수도 아니고 형식도 따로 없다. 잘 준비된 Supplement는 본 원서의 내용 못지않게 훌륭한 역할을 톡톡히 한다. 어드미션 컨설팅 프로그램을 처음 시작했을 때 이 Supplement에 관심을 가지고 집중적으로 개발하기 시작했다. 이에 효과를 본 학생이 정말 많고 지금도 가장 주력해서 다루는 부분이기도 하다.

또 하나는 관심사와 전공에 대한 정리다. 많은 사람이 헷갈려 하는 것 중에 전공과 관심사가 있다. 학생이 Business를 전공하고 싶어 한다면 어떤 준비를 해야 할까? Business 대회를 나가고 학교에서 Business 수업을 듣는다고 준비가 끝나는 것일까? Business는 사람들이 대표적으로 혼동하는 전공 가운데 하나다. 학부Undergraduate 과정에서는 Business로 전공을 준비하는 것이 적합하지 않다. 물론 유펜의 Wharton School이나 NYU의 Stern 같은 데서는 학부 과정부터 뽑기는 하지만 이때도 학생의 Business 관련 능력을 보지 않는다.

Business란 전공이라기보다는 분야인 것이고 그 분야 안에 많은 분과가 있다. 그러니 고등학생에게서 Business를 잘한다고 측정할 만한 것은 없다. Business 대회를 나간다고 해서 이 학생의 Business 실력이 검증되는 것도 아니다. 이런 경우 학생의 관심사에 집중해야 한다. 그 관심사를 좇아가다 보면 그것이 결국 전공과 연결되거나 자신의 개성을 돋보이게 만들 확률이 크다. 학부모들은 대체로 전공 관련성이 높은 활동을 선호하는데, 의외로 관련성이 서로 적어 보이는 아이의 활동들이 결정적이고 독특한 캐릭터를 만들어낼 수도 있다.

요즘 가장 핫한 전공인 Computer Science 전공의 예도 비슷하다. 많은 사람이 '컴싸' 전공은 이과 전공이라고 생각한다. 그래서 수학, 과학을 열심히 하고 USACO 대회를 나가고 정보 올림피아드 대회에 나가고 어디에 쓸지도 모르는 앱을 만든다. GIT HUB에 가서 실력 자랑하고 AP CS 수업을 듣는다. 하지만 이런 준비는 CS 전공을 준비하는 학생들이 대부분 똑같이 준비하고 있는 부분이어서 입시에서는 전혀 차별화가 되지 않는다.

오히려 HYPS(Harvard, Yale, Princeton, Stanford)나 아이비권 학교에서는 음악이나 언어를 CS에 연결하거나, 철학이나 윤리를 접목하거나, 아트 및 디자인과 함께 Computer Science를 연구하려는 특이한 학생들을 찾는다. 일반적으로 CS를 준비하는 학생은 이미 자국에도 넘치기 때문이다.

CS를 전공하려고 하는 학생들을 만나 직접 인터뷰해보면 순수하게 Engineering 쪽 CS인 학생은 정말 적고 대부분은 다른 전공과 비슷한 수준으로 CS를 좋아하거나 아트처럼 실제적으로 눈에 보이는 작업물을 좋아해서 그냥 CS를 좋아하는 학생이었다. 이런 경우 방향을 잘못 잡아 안 맞는 CS 전공 쪽으로 가게 되면 1등만 살아남을 수 있다는 이 분야에서 어려움을 겪을 수도 있다.

이런 이유로 전공을 리서치해나가고 학생이 주도적으로 발굴하는 과정은 매우 중요하며 전문 카운슬러가 반드시 도와야 할 부분이다. 많은 학생이 소위 인기 있는, 취업률 좋은 전공을 강요당하고 있다. 또 전공과 직결되지 않는 것 같은 여러 활동은 무시되는 경향이 많다. 하지만 그런 학생의 관심사가 나중에 어마어마한 영향력을 발휘할지도 모른다. 창의력은 학원을 다닌다고 배울 수 있는 게 아니다. 학생에게 있는 창의적인 성향이 절대 과소평가되어서는 안 될 것이다.

그렇기에 롱텀 컨설팅을 하면서 반드시 이 원칙을 지키며 학생들과 만난다. 전공 선택이라는 강박에 얽매이지 않고 자유롭게 관심사에서부터 자신을 탐색할 충분한 시간을 갖다 보니 다행히 각자 자신의 길을 잘 찾아간다. 결국 자신을 들여다보는 시간이 필요한 것이다. 컨설팅은 그 과정을 좀 더 세밀하게 진행되도록 돕는 게 아닌가 싶다.

07

미국의 Top Tier 대학으로
유학 가야 하는 이유

미국에서 대학원을 다니며 배움에 대한 열정이 샘솟았던 나는 시간이 날 때마다 캠퍼스를 누비며 청강을 많이 했다. 한번은 유명한 교수의 Writing 수업을 청강하러 갔다. 준비물도 필요 없고 세 시간 동안 수업을 듣기만 하면 된다고 했다. 잠시 후 교수가 나오더니 칠판에 한 문장을 적었다. 그리고는 30분 동안 그 문장의 구조와 해석 등을 세밀히 설명하는데, 귀에 쏙쏙 들어왔다.

30분쯤 지났을까, 처음에 썼던 문장에서 몇몇 단어의 순서를 바꾸어 다시 썼다. 그러더니 바뀐 문장을 가지고 또 30분을 설명하셨다. 어떤 단어를 빼고 다른 단어를 넣는 식의 흥미로운 문장 수업을 이어갔다. 그렇게 세 시간 동안 배운 것은 달랑 세 문장이었다. 그런데 놀라운 건 수업이 끝나고 난 뒤 세 문장의 구조와 핵심을 몽땅 외우게 되었단 사실이다. 엄청난 양의 진도를 빼는 한국식 수업에 익숙해 있던 나로서는 충격적인 수업 방식이었다. '아, 이런 수업도 있구나'를 처음으로 느껴본 수업이랄까.

비슷한 경험은 또 있었다. 유명한 발음 선생님이 있다고 해서 로컬에 있는 학교로 수업 청강을 갔다. 거의 17개국에서 온 다양한 수강생이 여기저기서 모여들었다. 그때 선생님이 카세트와 거울만 가지고 등장했다.

"소리를 들려 드릴 테니 각자 들리는 대로 발음을 적어보세요."

개 짖는 소리가 흘러나왔다. 이 소리를 따라 적으라니 어떻게 적을지 고민이 되었는데, 주변에서도 어리둥절한 채로 소리를 적고 있었다. 그때 알았다. 우리에게 너무도 당연한 'Wal Wal' 혹은 'Mung Mung' 소리가 다른 나라에서는 생경하고 각각 다르게 표현된다는 것을.

"이상하죠? 소리는 하나인데 왜 다 다르게 들을까요? 간단합니다. 사람은 자기 나라 언어체계로만 듣습니다. 영어를 왜 못하는지 아세요? 자꾸만 자기 나라의 언어화를 해서 듣기 때문에 그렇습니다. 영어를 잘하려면 그저 들리는 대로 읽으면 됩니다. 자꾸 모국어화하지 마세요."

수업 시간 내내 거울로 자신의 입 모양을 보면서 계속 발음했던 그 수업은 다른 차원의 영어 공부로 나를 인도했다. 가지고 있던 영어 책과 혹시 몰라서 모아두던 교재를 그날로 싹 버렸다. 한국말과 영어가 섞여 있는 교재가 더는 의미 없다는 생각이 들어서다.

미국에서 경험한 교육은 이처럼 나의 고정관념을 깨는 데 도움을 주었다. 우선 수업의 질적인 면에서 훌륭했으며, 교사의 수준은 말할 것도 없이 뛰어났다. 로컬에서 프리로 진행되는 수업이라고 해도 절대 경력이나 실력이 부족한 사람들이 아니었고, 교육 현장의 아주 세밀한 부분까지 고민한 흔적이 보였다. 미국이 왜 교육 강국인지 보여주는 상황이 많았고 미국만큼 강력한 교육시스템을 갖춘 나라도 없을 것이라는 생각이 들었다.

수업 방식에 있어서도 현저한 차이가 있다. 한국에서 SAT 모의 경시대회를 진행한 적이 있다. 서울의 모 고등학교에서 내신 1등급이었던 학생이 이 대회에 도전했다. 어머니 말로는 최우수 학생이라 학교 영어 수업 시간에는 들어가지도 않는데, 좀 더 넓은 범위의 공부를 했으면 하는 의미에서 도전시키는 것이라고 했다. 그런데 SAT 문제를 본 학생은 10분 만에 교실에서 나왔다. '분명히 영어였고 아는 단어였는데 이해가 안 된다'는 유명한 말을 남기고….

구글에서 한국어로 된 자료는 1% 정도밖에 안 된다고 한다. 아무리 번역기가 발달해도 영어를 못하면 안 되는 세상인 것이다. 그런데 한국에서 12년간이나 배우는 영어가 왜 효과가 없을까? 한국 학교에서 배우는 영어는 결이 다르다. 일단 영어권과 아시아권은 사고방식부터 다르다. 그에 따라 Writing의 패턴도 차이가 난다.

아시안식 사고방식과 글쓰기 스타일은 본론으로 바로 들어가지 않고 미사여구를 많이 사용해서 주의를 끈 다음 원하는 논점을 마지막으로 이야기한다. 반면에 미국식 사고방식과 글쓰기 스타일은 하고자 하는 이야기를 명확하게 먼저 꺼낸다. 이 차이점을 모르고 한국에서 오래 교육받은 사람들이 영어로 에세이를 쓰면 물음표가 잔뜩 찍힌 코멘트를 받게 되는 것이다.

게다가 한국의 수업 방식은 가능한 한 많은 양의 개념을 다루려는 양적인 방식이고 미국의 수업 방식은 가능한 한 깊게 배우려는 깊이의 학습이다. 그렇다 보니 한국 고등학교의 과목은 13개 이상이며, 미국 고등학교는 6개 과목이 기본이다. 양적인 승부가 아닌 질적인 승부를 하는 게 미국 교육이다. 솔직히 그 많은 과목을 배운다는 건 에너지 소모라고 생각한다. 그래서 미국의 수업 방식은 개념의 이해에 초점을 맞추고 여러 시간 같은 개념을 반복하여 다양한 방식으로 노출시키는 수업 형태를 띠고 있어 사고를 깊게 만들어줄 수 있다.

평가 방식에 있어서도 합리적이다. 그들은 주입식 교육에 익숙한 인재가 아닌 주체성이 확고한 인재를 원한다. 이것은 그들이 추구하는 평가 방식에서 잘 드러나는데, 우리나라와 같이 유아기부터 줄 세우기식 교육, 내가 남보다 잘해야 1등으로 앞서갈 수 있는 상대평가 방식을 쓰지 않고 절대적인 평가를 선호한다.

대일외고에서 근무할 때 같은 팀으로 데려온 미국 원어민 선생님들께 원망 섞인 불평을 들은 적이 있다. 당시 영어 과목 중간고사 에세이를 채점해 달라는 미션이 떨어졌는데, 학교 측에서 상위 30%, 중간 50%, 하위 20%로 나눠 달라는 지침이 내려온 것이다. 원어민 선생님들은 이런 한국의 상대평가 방식에 익숙지 않은 데다 수준이 비슷한데 억지로 수준을 나누는 것이 불가능하다며 반발이 심했다.

원어민 선생님으로서는 스타일이 조금 다를 뿐 점수가 낮은 것이 아닌데 어떤 학생은 중위 50%로, 어떤 학생은 하위 20%로 구별되는 이 방식이 충격적인 점수 산정법이었던 것이다. 얼마나 많은 학생이 이런 상대평가 방식에 희생되어 자신감을 잃고 학업 스트레스를 받았을지 생각하면 가슴 아플 따름이다.

미국 교육은 나만 열심히 하면 인정받는다. 다른 사람 신경 쓰지 않고 나만 최선을 다해 과제를 하고 노력한 흔적을 보이면 A학점을 받을 수 있기에 쓸데없는 경쟁과 눈치 보기, 줄 세우기는 없다. 물론 대학을 갈 때는 입시라는 과정 중에 상대비교가 되는 순간이 있다. 하지만 기본적으로는 비교를 전제로 한 경쟁체계가 아니라 자기 자신과의 싸움에 가깝다. 열서너 과목이나 배우는 우리와 달리 미국은 College Prep 과목에 해당하는 중요과목을 집중적으로 배우는 것이 기본이다.

특히나 미국 교육이 인상적이었던 것은 그들이 교육을 대하는 태도다. 미국에서 조카들을 관리하게 되면서 그들의 학교에서 경험했던 일이다. 어느 날 조카들이 다니는 사립학교에서 전시회를 연다는 소식에 학교를 찾았다. 부모 역할을 대신해서 가는 것이라 기대 반 긴장 반 학교 복도로 들어섰는데, 복도에 걸린 아이들의 작품이 뭔가 이상했다. 자세히 보니 완성되지 않은 채였다. 아이들이 미술 시간에 완성하지 못하고 휴지통에 버린 것들만 선생님이 수거해서 미완성 작품들을 전시한 것이었다. 신기하게도 미완성이지만 아름다웠다.

"아이들이 망쳤다고 버린 것들을 모아서 전시한 게 맞습니다. 아이들은 미완성작이라고 버렸지만, 그것 자체가 가치 있는 거죠. 아이들의 노력과 생각이 그대로 녹아 있는 것이니까요."

선생님의 설명은 신선한 충격이었다. 전시회에 대한 의도가 담겨 있어서였을까, 미완성된 종이접기를 작품으로 낸 조카의 작품에도 극

찬이 쏟아졌다. 어깨가 잔뜩 올라간 조카의 모습을 보면서 미국의 교육 방식은 정말 다르다고 느꼈다. 너무나도 당연하게 생각되는 것들, 보편적인 기준이나 틀에 박혀 있는 관념에서 벗어나야 한다는 위기감이 혹 들어왔다고 할까. 미국의 진정한 베스트셀러가 '교육'이라는 확신이 들었다.

미국의 교육은 정말로 학생 개개인의 노력을 존중하며 누구든 기회를 찾으려고 노력하면 찾을 수 있다. 일단 선택의 여지가 넓고 노력하는 자에게 언제나 기회가 열려 있다. 그렇기에 인재가 모여들고 뛰어난 인재가 된다. 인재는 인재가 있는 곳으로 모인다.

우리가 컨설팅을 통해 미국 Top Tier 대학 위주로 가이드하는 이유도 여기에 있다. 이러한 환경을 경험한 나로서는 미국 학교의 장점을 더 많은 학생이 누렸으면 했다. 여전히 한국의 교육에서 부족한 부분에 목말라하는 이들에게 미국의 교육, 특별히 미국의 Top Tier 대학을 향한 꿈은 꾸어볼 만하다고 생각한다.

미국에는 3,000개가 넘는 대학이 있다. 그중에서 상위 10% 정도만 해도 300개 학교가 되고 그중 다시 10%를 뽑으면 30개 정도의 우수 대학이 나온다. 대학 랭킹 30위 안에만 가도 1% 안에 드는 것이다. 최상위 대학 30위권이라고 봤을 때 그중 또 국제 학생이 평균적으로 10% 정도 뽑힌다고 가정하면 이 학교들에 입학할 확률은 다시 0.1%로 내려간다. 이러한 명문대를 꿈꾸는 이유는 바로 0.1%의 엘리트가 탄생하는 순간이기 때문이다. 명문 대학은 대부분 학생의 커리어 스토리가 시작되는 출발점이다.

《하버드 1교시》라는 책을 보면 하버드 학생들의 특징을 이렇게 표현하고 있다.

- 강의실 밖에서의 학습, 특히 기숙사에서의 생활과 예술 활동 같은 과외 활동이 매우 중요한 것으로 나타났다.
- 대학 생활에서 특히 중요하거나 뜻깊은 경험이 무엇이었느냐는 질문에 학점과 상관없는 멘토링이 포함된 인턴십이라고 답했다.
- 대학에서 접하는 인종 및 민족적 다양성은 대부분의 학생에게 매우 강력한 영향을 미치며 놀랄 정도로 많은 수의 학생이 그런 영향을 매우 긍정적으로 평가했다.
- 적지 않은 학생이 인터뷰에서 예술 활동에 참여했던 경험과 공식적인 수업 내용이 인생의 다음 단계가 무엇인지 깨닫는 데 영향을 주었다고 말했다.

상위권 명문 대학에 가야 하는 이유가 꼭 강의실 안에서 발생하는 수업 때문만은 아니다. 강의실 밖에서도 엄청난 가치를 얻을 수 있어서 더 그렇다. 물론 꼭 30위권 학교가 아니어도 미국에는 좋은 대학이 매우 많다. 그럼에도 불구하고 30위권 학교만 타깃으로 하이엔드 서비스를 추구하는 이유는 경쟁력 때문이다. 명문이라고 생각하는 대부분의 학교는 아이비리그를 포함하여 거의 사립이며, 사립학교에서 나오는 혜택이 훨씬 강력하다. 30위권 대학을 넘어서면 그 이후부터는 거의 주립대라고 보면 된다.

주립대를 나쁘다고 할 수는 없지만 대형 강의가 많기도 하고 학생 관리나 여러 가지 제도 면에서 만족스럽지 않을 수도 있다. 주립대보다는 사립대에 대한 만족도가 훨씬 높은 게 사실이다. 또 앞서 말했듯이 미국의 교육 시스템이 거의 세계 최고라고 생각하기 때문이다. 물론 전세계에 명문이라고 불리는 학문의 전당이 있지만, 미국은 전체적인 교육 시스템이 매우 발달해 있고 대학원 제도 또한 세계 최강이다.

TV나 언론에서 접하는 우수한 대학 연구진들은 대부분 대학원 소속이며, 학부 중심으로 대학이 발전한 다른 나라에 비해 미국은 대학원의 영향력이 막강하다. 실제로 미국에서 교육 대학원을 들어가보니 이제 막 30대에 접어든 나는 꼬마 막내였다. 대부분 일선 교육 현장에서 일하고 계시는 분들이었다. 적어도 15년 이상 경력을 지닌 교육 베테랑들인데도 배움이 필요하여 모인 것이다. 누가 봐도 전문가들인데 뭘 더 배우려고 왔을까 싶었지만 막상 수업을 하면서 생각이 완전히 바뀌었다.

대학원 수업은 거의 토론 수업이었고 4시간짜리 수업에 참여하기 위해 쏟아야 할 사전 학습 시간이 10~15시간에 달했다. 교수가 정해준 책을 읽고 관련 자료를 조사하여 내용을 완벽하게 숙지해야 토론 수업에서 한마디라도 할 수 있었다. 그렇지 않고는 토론에 참여조차 할 수 없었다. 주 40시간 이상 근무하고 학교 수업을 위한 예비 공부까지 하느라 하루 서너 시간만 자면서 일과를 버텼다. 그렇게 힘든 스케줄이었지만 배움에서 얻는 혜택은 정말 컸다.

교수가 하는 일은 토론을 주최하는 것과 진행이 잘되고 있는지를 체크하고 오류를 잡아주는 것뿐이고 모든 수업은 학생이 이어갔다. 매번 토론을 할 때마다 놀라움의 연속이었다. '이런 주제로 토론을 한다고?' 싶은 주제부터, 그런 주제를 가지고 서너 시간씩 토론을 이어가는 학생들의 열의도 대단했다. 정말로 교육을 깊게 생각하고 현장에서 부딪힌 경험치가 없고서야 나올 수 없는 내용이었기에 대학원 수업은 생각이 확장되는 훌륭한 장이었다.

미국에서 대학원 과정을 마치면서 들었던 생각은, 과연 미국이 경제대국이라고 하지만 그보다 교육적인 면에서 최고라는 것이었다. 학생들은 지금은 대학원 생각이 없다고 말하는 경우가 많지만 그들의 예상과는 달리 거의 대부분 대학원을 가게 된다. 성공할수록 대학원에 대한 수요가 높다. 대학원 커리큘럼이나 교수진 등을 살펴보면 학부보다는 대학원 과정이 훨씬 잘되어 있음을 알 수 있다.

대학원을 대학 마치고 으레 밟는 코스로 여기는 것이 아닌, 정말 공부하고 싶은 분야를 정말 공부할 마음이 있는 사람이 시기에 상관없이 지원하는 학문의 전당으로 인식한다는 것, 그 사실이 미국의 대학원을 빛내는 게 아닌가 싶다.

이렇듯 미국의 Top Tier 대학에서 공부한다는 건 쉽지 않지만 그보다 훨씬 높은 경쟁력이 있다. 교육 최강국의 최적화된 시스템에서 많은 기회를 누릴 수 있으며, 명문 인재로 거듭날 기회도 얻을 수 있다. 그렇기에 미국의 Top Tier 대학으로 승부를 거는 하이엔드 서비스를 제공했고, 그 결과 Top Tier 입시에서 최고의 성과를 낼 수 있었다.

08

대학 입학은
커리어의 시작일 뿐이다

중학생 때까지 홈스쿨링을 하다가 국제고등학교에 진학한 학생이 있었다. 무슨 사정으로 홈스쿨링을 하게 되었는지는 모르겠지만, 아무래도 제도권 교육을 처음 시작한 단계라 어려움을 겪고 있는 것 같았다.

"뭐가 제일 힘드니?"

"학교 수업 따라가는 게 좀 힘들어요. 홈스쿨만 하다 보니 과제나 그런 것 쫓아가는 것도 쉽지 않고요."

다행히 학업 성실도가 높아 성적은 잘 나오고 있었지만 Writing이나 시험 점수처럼 오랜 학교 수업에서 얻을 수 있는 부분을 만회하는 데는 어려움이 있었다. 매우 열심히 하는 학생이었지만 따라잡기엔 시간적 제약이 있었다. 롱텀 컨설팅을 시작하고 카운슬러와 학생은 긴밀한 관계를 유지하며 학교생활을 의논하고 설계해나갔다. 천성이 성실하게 노력하는 학생인 만큼 좋은 결과를 기대했고 기대만큼 좋은 결과를 얻었다. 30위권 종합대학인 University of Virginia와 리버럴아츠 칼리지인 Smith에서 합격을 받은 것이다.

"쌤, 저 합격했어요. 합격!"

"오~ 축하해! 정말 축하해. 정말 잘됐다."

"쌤, 근데 저 두 군데에서 모두 합격 받았어요."

학생은 물론 부모님도 당연히 종합대학교로 입학해야 하지 않을까 생각하셨다. 하지만 최종적으로 의견을 물은 나의 대답은 달랐다.

"저는 리버럴아츠 칼리지가 더 나을 것 같습니다. 두 대학 모두 미국에서 좋은 평가를 얻고 있는 학교이기 때문에 어디가 더 낫다고 평가할 수는 없어요. 다만, 제가 지켜본 학생의 성향은 대형 시스템에 적응하기보다 퍼스널한 성향이 강한 곳에서 재능을 더 잘 펼칠 것 같습니다. 리버럴아츠에는 장학금 제도도 좋고 개인 상담도 많이 있어서 여러 면에서 잘 맞을 것 같고요."

예상과 다른 조언을 받은 학생과 학부모님은 한참 고민하더니 결국 우리의 의견을 따랐다. 그렇게 리버럴아츠 칼리지에 진학했고 예상대로 학생은 대학에서 훨훨 날았다. 미국 대학의 자유로운 시스템에 완벽하게 적응하며 자신의 관심 분야에서도 두각을 나타낸 것이다.

"쌤, 저 이번에 옥스퍼드에 가요."

"엥? 옥스퍼드는 어떻게?"

"우리 학교랑 옥스퍼드랑 교환학생 제도가 있는데, 제가 교환학생으로 선발됐어요."

"어머, 정말 잘됐다. 얼마나 잘했으면 네가 선발됐겠니? 정말 자랑스럽다."

교환학생으로 선발된 학생은 영국으로 건너가 훌륭하게 과정을 마쳤는데, 더욱 놀라운 결과로 이어갔다. 옥스퍼드라는 명문에서 학문을 이어가고 싶은 꿈이 생겼고, 그곳에서 졸업할 수 있는 길을 찾아낸 것이다. 결국 그 학생은 옥스퍼드에서 학부 과정을 마칠 수 있게 되었다. 옥스퍼드라니! 진심으로 축하해줘야 할 일이었다.

더욱 감동스러웠던 점은 Smith에 다니고 있을 때 학교의 총장이 직접 학생의 모교에 친필로 편지를 써서 보낸 일이었다. 내용인즉 이렇게 훌륭한 학생을 잘 교육시켜서 학교로 보내주어서 고맙다는 내용이었다. 홈스쿨링을 하던 학생이 옥스퍼드 졸업생이 된 것만으로도 큰 영예인데, 대학 총장이 친히 모교로 편지를 써서 치하할 정도로 귀한 인재가 되었다니! 그 소식을 듣는데 정말 기분이 좋았다. 우리가 하고 있는 일이 아름다운 열매로 돌아와 감사했다. 한 사람의 인재를 키워내는 데 작은 역할이라도 보탰다는 의미와 가치를 확인했다고 할까.

20대 초반 여자 대학생의 이야기도 있다. 국내 상위권 대학의 인문사회계열을 전공하고 있던 학생은 누가 봐도 성공적인 입시 결과를 냈다. 그런데 해외 어드미션을 하고 싶다고 우리 회사를 찾았다.

"외국 대학으로 편입을 하고 싶어요."

"편입을? 한국에서 대학을 졸업하고 외국으로 대학원을 가는 방법도 있을 텐데, 왜요?"

"한국의 대학에서는 아무래도 희망을 못 찾겠어요."

학생은 절망적인 표정으로 이야기했다. 그는 행정학을 선택했고 대학에서 관련 분야를 폭넓게 공부하고 싶었다. 당연히 대학에서 다양한 경험을 통해 구체적인 진로도 찾아볼 요량이었는데 입학과 함께 그러한 기대가 무너졌다.

"대학교의 커리큘럼이 행정고시 위주로 바뀌었어요. 행정학을 전공한다고 모두 행시를 보는 것도 아닌데, 취업 전문학교처럼 대학 과정이 바뀌는 것을 보고 정말 실망했고 더는 희망이 없다는 생각했어요."

그 말을 듣는데 기성세대의 한 사람으로서 미안하고 부끄러웠다. 뭔가 어른들이 잘못하고 있다는 생각이 들었다. 안 그래도 그 어렵다는 한국의 'SKY'에 입학하자마자 다들 행시나 사시, 아나운서 시험, 공무원 시험 등을 준비하느라고 바쁘다는 말을 들으면서 정말 안타까웠다.

우리 아이들에게 인생을 탐색할 기회를 줄 만한 대학들은 다 어디로 갔을까? 내 경험과 신념을 기반으로 미국 및 해외 대학을 추천하는 칼리지 카운슬러지만, 우리나라 대학도 하루빨리 그렇게 성장해주길 바란다. 이런 안타까움을 담아 그 학생을 위해 컨설팅을 해주었고 다행히 자신의 길을 찾아 잘 나아가고 있다.

우리 회사의 롱텀 컨설팅이 입소문을 타고 알려지면서 100% 소개를 받아 자발적으로 찾아오는 이들의 연령대가 다양해졌다. 어떤 지인은 자녀가 아직 초등학생인데 벌써부터 컨설팅을 의뢰하기도 한다. 이런 경우에는 몇 년 기다렸다가 오도록 하고 있다. 롱텀이라고는 하지만 너무 빠르게 시작하면 서로 부담스럽고 효과도 떨어지기 때문이다.

대학을 다니면서 편입을 준비하는 이도 있고, 대학원 어드미션을 의뢰하는 경우도 있다. 이 말은 대학 어드미션 컨설팅만이 길이 아니란 의미다. 물론 대학 어드미션을 위해 찾아오는 이가 가장 많지만 그 시기를 지나쳐도 기회는 있다.

앞서 이야기했듯이 한국의 교육은 모든 힘을 끌어모아 대학 입시에 쏟아붓는 형국이다. 여전히 대학의 이름에 의존하고 대학 입시에만 성공하면 동력이 떨어진다. 그러나 해외 학교는 지향하는 바가 다르다. 명문 학교로 갈수록 학부보다는 석·박사 과정의 커리큘럼이 훨씬 다양하고 깊이가 있다. 특히 미국 대학이 그렇다.

게다가 한국 학생들이 푹 빠질 정도로 학문의 깊이를 지닌 명문대의 명망 높은 교수들은 대부분 학부가 아닌 대학원에 있다. 실제로 Top Tier 대학에 입학한 한 학생은 베스트셀러 저자로 유명한 그 대학 교수를 만날 날만 손꼽아 기다렸는데, 4년 내내 만날 수 없었다. 그 교수가 대학원에서 석·박사 학생들만 가르치고 있었기 때문이다. 그만큼 외국 대학은 대학원 과정에 더 많은 관심과 열정을 기울인다. 이러한 기조는 국가적으로도 공감하고 있기에 더욱 전문성을 갖추도록 대학원 교육을 권장한다. 교사들의 사례만 보더라도 미국 교육의 우월함은 교사의 질적인 우세도 한몫한다. 공교육을 담당하는 교사들 대부분 교육대학원을 나와 학생들을 지도하는데 그 내공이 어마어마하다.

실제로 교육대학원에서 만난 동기들도 대부분 현장에서 학생들을 지도하는 현직 교사들이었다. 10년, 20년 경력을 지니고 있는데도 좀 더 좋은 교사, 실력 있는 교사가 되려고 대학원을 찾은 것이다.

"그만큼 경력이 있으신데 더 배울 게 있으세요?"

"당연히 배워야죠. 배우지 않으면 가르칠 수 없어요. 미국의 교사들이 대부분 대학원을 다니며 석·박사를 하는 이유도 그래서입니다. 학교에서도 매우 권장하고 있고요."

솔직히 이 부분은 많이 부러운 부분이다. 여전히 한국 사회에서는 직장생활을 하면서 대학원 공부를 하겠다고 하면 눈치를 봐야 하고 사정을 해야 한다. 예전에 잠깐 있었던 학교에서는 교사 한 분이 대학원을 가겠다고 했을 때 학교에서 거절당한 일도 있었다.

이렇게 교육을 대하는 정서와 마인드가 다르다. 그렇기에 외국 대학원에서 전공을 깊이 있게 공부할 기회가 된다면 시도해보았으면 좋겠다. 우리에게 컨설팅을 받아 Top Tier 대학에 진학한 학생들은 대부분 100% 자발적인 선택으로 대학원에 진학한다. 학부와는 다른 깊은 학문의 세계를 경험하고 싶어졌다는 이유에서다.

진학을 결심하면서 그들은 예전과 다른 고민을 한다. 어떻게 세상에 공헌할지 고민하고, 어떻게 나은 사람이 될 수 있는지 꿈꾸는 그들을 보며 과연 인재로 성장하고 있구나 싶어 대견할 따름이다.

자신이 많이 늦었다고 생각하면서 찾아온 한 학생이 있었다. 한국에서 대학을 두 군데 옮겨 다니고 있었는데 본인의 적성과 진로에 대한 고민을 해결하지 못한 상태였다. 다른 학생과 비교하면 벌써 대학을 졸업했을 나이였다. 어찌 알고 찾아왔는지는 모르겠지만 우리 회사에서 주로 컨설팅하는 사례와는 많이 벗어나 있기는 했지만 굉장히 현실적인 조언을 해주었다.

"SAT를 우선 준비해봐."

"네? 이 나이에요?"

학생은 무척 당황했다. 그도 그럴 것이 강남역에 있는 수많은 유학원에서는 Community College를 가서 몇 년 하다가 편입을 하라는 아주 쉬운 방법을 알려줬을 텐데, 그와는 완전히 다른 조언을 해주었기 때문이다. 하지만 나는 이 학생이 늦은 나이에 다시 그 모든 프로세스를 하면서 시간을 허비하고 또 좌절하는 것을 경험하게 될 것 같아 걱정되었고, 무엇보다 SAT처럼 어려운 시험에 도전할 마음이 없다면 그런 마인드로는 미국 상위권 대학에서 어차피 경쟁할 수 없다고 이야기했다. 실제로 Community College에서 학점 잘 받고 편입한다는 말을 너무 쉽게 받아들여서 시도했다가 중도에 포기한 아이들을 많이 보았다.

"쉽지 않은 결정일 거야. 그리고 지금까지 그런 공부를 해본 적이 없기 때문에 SAT 공부를 하는 일은 매우 험난할 거야. 두어 번 정도 그냥 다 놔버리고 싶어서 포기하려고 할 수도 있어. 잘 생각하고 정말 해봐야겠다고 생각되면 다시 찾아와."

일주일 정도 지나서 학생이 다시 찾아왔다. 한번 해보겠다고 했다. 그렇게 컨설팅이 진행되었고, 그 후로 우리는 엄청나게 많은 사건을 겪어야 했다. 우선 우리가 사기꾼은 아닌지 의심하는 학생의 부모님께 설명을 해야 했고, 적지 않은 나이에 처음부터 시작하는 것 같은 학생에게 일일이 설명하고 공부법을 지도하고 밀접 관리를 해야 했다. 점수가 쉬이 오르지 않아 고통스러워하는 학생에게 일반 학원이나 인프라에 맞는 프로그램이 없어 따로 디자인을 해줘야 했다. 중간에 SAT가 ACT로 바뀌기도 했다. 예상했던 대로 학생은 여러 차례 못 하겠다면서 백기를 들기도 했다. 어느 날은 미국에 산다는 그 학생의 사촌이 찾아와

Community College를 가면 되는데 왜 이렇게 어려운 길을 가냐며 이 방법에 의심을 보이기도 했다. 1년 가까이 대학 준비 과정을 끌고 간 끝에 급기야 체력적으로나 정신적으로 바닥을 드러낸 학생이 미국 대학 합격에 대한 자신감도 떨어지고 회의적인 반응을 보이게 됐다.

마무리 전략이 들어가야 할 때였다. 우리 팀은 이 학생의 사례를 미국 대학 편입과 신입 투 트랙으로 지원을 마쳤다. 완전히 만족스럽지는 않았지만 그래도 상당히 올린 ACT 성적을 가지고 더 도전적인 대학에 지원할 수 있었다. 결과는 놀라웠다. 지원한 대부분의 학교에서 합격을 받았다. 미국 학제의 성적이 하나도 없었던 학생의 조건으로서는 매우 고무적인 결과였다. 학생은 최종적으로 우리나라에서 일리노이 공대로 유명한 UIUC University of Illinois-Urbana-Champaign 로 진학했다.

정말 기뻤던 것은 이 학생이 몇 년 후 UIUC에서 연구 성과를 인정받아 교수님들이 서로 데려가려는 인재가 되었다는 사실이다. 한국에 있을 때 원하는 대학에 가지 못했고, 적성이 맞지 않아 학점 유지도 어려워하던 학생이었는데, 고생고생하면서 SAT, ACT 공부를 한 보람이 있었다. 이 학생은 이후 다시 우리와 차근차근 준비하여 Vanderbilt 석사 과정으로 합격했다. 그렇게 또 한 학생의 미래가 바뀌었다.

해외 학교 어드미션 세계는 보딩스쿨이나 대학 입학에만 있지 않다. 그 이후에도 기회는 다양하다. 미국은 편입 제도도 아주 잘되어 있다. 본인의 의지만 있다면 기회가 열려 있는 곳이 미국이다. Top Tier 학교로 갈수록 인재로서 다양한 가능성을 지니고 있는지를 본다. 학교에서 교육받은 이들이 사회로 나가 리더가 되고 세상에 변화를 일으키는 개혁자가 되리라 믿기 때문이다. 이에 따라 인재를 꿈꾸는 자는 자신의 다양한 가능성을 발굴하고 존재감을 드러내는 노력이 필요하다. 학교 커리큘럼에 관심이 있고 잘할 수 있는지 보여주는 건 기본이다.

그렇기에 더 넓은 시각과 마음으로 어드미션 세계를 바라볼 필요가 있다. 솔직히 말해 세계의 인재들은 명문 학교로 모인다. 학문의 깊이, 교사의 수준, 좋은 교육 환경 등 다양한 이유를 꼽을 수 있겠지만 인재가 인재를 알아보고 자석처럼 모이는 것이다. 애플, 구글, 테슬라, 메타 등이 모여든 미국 서부가 미국을 이끌어가는 곳이 된 현상과도 같다.

우리가 근본적으로 추구하는 바는 커리어 빌드업을 통한 인재 양성이다. 대학 입학은 커리어의 시작일 뿐이다. 첫 시작을 잘하는 것이 좋지만 그렇지 못했다고 해서 절망할 필요도 없다. 전문 카운슬러 기관으로서 숨어 있는 좋은 프로그램, 몰랐던 좋은 커리어 루트, 알려지지 않은 혜택 등을 잘 찾아서 인재 개발을 도와주기에 제대로 준비된 카운슬러와 함께 더 넓은 세상을 바라보며 나아갔으면 좋겠다.

인사이트를 거쳐간 학생들이 세계 곳곳에 포진해 있다. 청소년기에 만나 지지고 볶고 함께 울고 웃으며 오랜 시간을 함께한 그들이 어엿한 청년 인재가 되어 각자의 비전을 향해 나아가고 있다. 청년이 되어 만난 친구들도 삐걱거리던 현실을 극복하고 활짝 열린 미래를 찾아가고 있다. 너무도 고맙게 각자의 포지션을 잘 찾아가고 있으며 넓은 세상을 경험하며 깨닫게 된 인사이트를 나누고 있다.

끝이라고 생각하는 지점이 시작이 될 수 있다. 언제 시작하느냐가 아니라 어떻게 시작하느냐가 중요한 것이다.

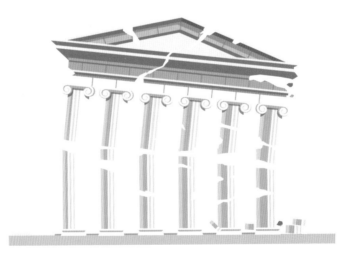

지붕을 안정적으로 떠받치려면 기둥이 튼튼해야 한다. 대학 입학 전 체계적인 커리큘럼으로 학업을 경험한 학생들은 그만큼 탄탄한 대학 생활을 하게 된다.

대학 지원자로서 적합한지 판단하는 매우 중요한 기준은 그 학생의 출신 고등학교 커리큘럼이다. 명문 대학일수록 체계적인 커리큘럼으로 학업을 이어온 학생을 선호하며 비슷한 성적이면 어려운 과목들을 듣고 온 학생에게 더 점수를 준다. 심화 과정 커리큘럼을 경험한 학생들이 대학에서도 잘 버틸 확률이 높기 때문이다. 좋은 GPA와 활동 내용을 가지고도 최상위 명문대 앞에서 탈락이라는 쓴 경험을 하는 학생들이 많다. 대학은 자신의 학교에서 잘 버틸 수 있는 학생들을 알아본다. 특히 최상위권 명문대라면 이런 부분에 아주 예민하고 깐깐하다.

고등학교의 커리큘럼은 건축으로 치면 기둥의 역할과 같아서 건축물의 안정성과 외형을 유지하는 데 결정적인 역할을 한다. 대학과 대학 생활은 지붕과 같다. 체계적인 커리큘럼은 튼튼한 기둥이며, 아주 무거운 지붕도 거뜬히 지지한다. 기둥이 흔들리면 지붕도 흔들리듯이 부실한 커리큘럼과 균형이 안 맞는 커리큘럼, 정직하지 못한 방법으로 쌓아온 실력으로는 대학 생활을 잘 유지하기 어렵다.

좋은 인재로 이끌어줄 자기결정력은
스스로의 인식과 노력도 필요하지만 주변의 노력도 필요한 분야다.
끊임없이 자기 자신과 대화하되, 다른 사람과의 관계를 통해
자신의 생각이 얼마나 거리가 있는지 점검할 수 있어야 한다.

0.1% 엘리트의 탄생

Story
스토리가 가지는 힘

＊

내 인생에서의 가장 큰 도전은 대학 졸업 후 500달러만 들고 미국행을 결심했던 순간이었습니다. 미국을 가기 전 나의 상황은 미래가 불투명한 평범한 청년 가운데 한 명이었습니다. 대학 졸업 후에 갑자기 불어닥친 IMF 때문에 취업에 어려움이 있었고 경제적인 여건도 좋지 않았으며 학연이나 인맥의 도움도 받을 수 없었고 하다못해 현실적인 멘토링을 해줄 만한 사람도 주변에 없었습니다.

우연히 닿게 된 기회에 저는 새로운 도전을 해보고자 과감히 미국 생활을 시작했습니다. 누군가 유학을 보내주는 상황도 아니고 친척의 미국 생활에 잡일을 해주러 가는, 역시 보장되지 않은 자리였지만 그때의 저에게는 모든 것이 기회였고 도전이었습니다. 뭐든 열심히 노력하는 것에는 자신이 있었고 무엇이든 받아들일 준비가 되어 있었습니다.

비서 업무를 할 어시스턴트를 찾는다는 단 두 줄짜리 광고를 보고 시간당 6달러로 번역 회사 업무를 시작했습니다. 사회 초년생이기에 좋은 대우를 받을 생각도 없었고 뭐든 배울 수 있다면 귀중한 경험일 것이라는 생각으로 임했습니다. 이 회사에서 수년간 일하면서 책임자 자리에까지 올랐고, 돈을 주고도 배울 수 없는 기술과 노하우를 경험했으며, 사장님과 단둘이 시작했던 미국 지사는 그 기간 동안 직원을 수십 명 거느린 미국 본사로 성장했습니다.

그 후로도 저의 미국 생활은 매우 치열했습니다. 회사에서 배려해주어 풀타임으로 근무하면서 대학원도 풀타임으로 다녔습니다. 주말이라는 것이 따로 없었고 부족한 근무 시간을 보충하기 위해 늦은 밤과 주말에도 회사에 출근했습니다. 학비와 생활비를 모두 자력으로 충당해야 했기 때문에 어쩔 수 없는 선택이었습니다.

새롭게 관심이 생기게 된 교육 분야를 더 연구하기 위해 틈나는 대로 돌아다니면서 수업과 교재 연구를 하고 유명하다는 강의는 부지런히 찾아다니며 들었습니다. 대학원 졸업 후 교육 회사로 옮겨서는 수석 브랜치 매니저와 프랜차이즈 코디네이터를 병행하면서 실적으로 회사 기록을 경신하기도 했습니다. 한국으로 오기 전까지 저의 8년간의 미국 생활은 하루도 아깝지 않을 정도로 보람차고 의미가 있었습니다.

생각해보면 저에게 닥친 많은 어려움은 양면의 거울처럼 값진 교훈을 선물처럼 남기고 갔습니다. 대학 내내 고민했던 진로와 커리어에 대한 막연했던 고민은 지금 저를 가장 유능한 칼리지 카운슬러로 만들어준 귀중한 경험입니다. 지금도 너무나 많은 학생이 대학을 가기 전, 혹은 대학을 가고 나서도 원하는 전공을 찾지 못하거나 방황하고 있습니다. 순간적으로 쉬운 길만 선택하는 학생들을 보면 도움받을 곳을 찾아 헤매던 수년 전의 제가 떠올라 도와주고 싶은 마음뿐입니다.

판단력과 기회는 제 인생에서 가장 중요한 키워드 가운데 하나입니다. 열심히 부딪치고 경험한 덕에 다른 사람에게 중요한 영향력을 미치는 결단력과 판단력을 얻었고, 아무리 작은 기회라도 그것을 알아보는 사람만이 결과를 가져온다는 귀중한 교훈도 얻었습니다.

＊

나의 스토리다. 짧은 라이프 스토리지만 서울대학교 EMBA 경영대학원 과정에 입학허가를 받게 해준 고마운 히스토리다. 생각해보면 어린 시절부터 나는 스스로에 대한 마케팅을 터득했던 것 같다. 주어진 환경이 그렇게 하도록 이끌어간 부분도 있다. 누구 한 사람 살뜰하게 챙겨주지 않는 환경 속에서 스스로 나를 알리고 관심을 얻어야 했다. 그렇다 보니 사소한 경험 하나도 놓치지 않았고 뭔가를 얻어내려고 노력했다. 그것이 쌓이고 쌓여 스토리가 되었다.

누구에게나 자신만의 스토리가 있다. 그 삶의 농도를 객관적인 기준에 따라 연하다 짙다 판가름하는 건 불가능하다. 다만 어떤 스토리를 가졌건 그 스토리를 통해 무엇을 느꼈고 어떻게 나아가야 할지를 정했는지 살펴볼 수는 있다. 실제 그것이 0.1% 인재를 선발하는 중요한 기준이 되고 있다. 이 말은 좋은 인재가 되려면 자신만의 스토리를 가지고 있어야 한다는 의미도 된다.

자신만의 스토리는 치열한 자기표현이다. 과거에 대한 드라마틱한 흔적이다. 드라마틱한 흔적이라고 해서 드라마처럼 파란만장하라는 게 아니다. 누군가에게 자신의 삶을 스토리텔링으로 이야기할 수 있어야 한다는 것이다. 그것은 곧 자신을 정직하고 성실하게 알고 있다는 것이며, 인생의 매 순간을 가치 있게 잘 보내고 있다는 증거다.

컨설팅을 통해 만나는 학생들에게도 스토리를 말한다. 스토리에는 경험과 성공과 실패, 그 속에서 가졌던 생각과 느낌 등이 녹아 있다. 처음부터 자신의 스토리를 구슬 꿰듯 만들어내는 경우는 없다. 자기 자신을 찬찬히 들여다보고 곱씹어보면서 그때의 생각이 지금과 어떻게 연결되어 있는지 좇아가다 보면 스토리의 소재가 드러나고 살을 붙일 수 있다.

어떤 학생은 Resume가 몇 페이지가 넘어갈 정도로 다양한 활동을 했지만 여전히 뭔가 부족한 듯한 인상을 받을 때가 있다. 개인의 스토리가 빠져 있을 때 그렇다. 좋은 취지로 진행했던 활동이라도 스토리가 빠지면 그 진정성을 의심받는다. 또 어떤 학생은 활동 개수 자체는 많지 않지만 각각의 활동이 연결되어 보이고 인과관계가 있어 드라마나 책을 보듯 자연스럽게 캐릭터가 이해될 때가 있다. 탄탄한 스토리가 느껴질 때 그렇다.

스토리가 중요한 줄 알지만 어떻게 발전시켜야 할지 모르겠다면 카운슬러에게 지속적으로 컨설팅받기를 추천한다. 사람이 자신의 라이프를 되돌아볼 때 자기만의 성찰로 그 의미를 찾기도 하지만 많은 경우에 다른 사람과 대화하고 소통하면서 재발견기도 한다.

한 학생의 원서를 검토하는 데는 평균 15분이 걸린다. 그 짧은 시간에 나의 12년 넘는 학생 시절을 검토받는다고 생각하면 억울할 수도 있지만 어쩔 수 없다. 지원자가 너무 많기 때문이다. 만일 자신을 단 세 줄로 요약하라고 한다면 무엇이라고 쓸 것인가? 단 세 줄이다. 자기 자신에 대한 정확한 성찰이 없다면 아마 불가능할 것이다. 그렇기에 연습과 훈련을 통해 스토리를 자꾸 발굴해낼 필요가 있다.

세상의 이야기에 희로애락이 있듯, 희로애락이 담긴 모든 스토리는 사람을 빛나게 해줄 나만의 전략이 될 수 있다. 여전히 스펙 위주인 시대에 진짜 인재가 갖추어야 할 첫째 스펙은 스토리다. 사람을 평가하는데 서류가 동원되지만 그 행간이 궁금해지는 사람, 그러한 사람이 인재다. 그런 사람이 되려면 스토리를 만들어낼 줄 알아야 한다. 스토리를 꿰어낼 줄 알아야 한다.

02

Self Concept
스스로를 믿는 힘

0.1% 엘리트로 가려면 꼭 필요한 부분이 Self-concept, 즉 자기개념이다. 자신을 스스로 어떻게 느끼는지, 타인이 생각하는 나의 모습은 무엇인지에 대한 개념을 말한다. 이는 무엇인가를 스스로 선택한다는 자기결정력과도 밀접하게 연결되어 있다. 입시라는 치열한 전쟁터에서 성공적으로 살아남은 많은 학생에게는 세상의 소리가 아니라 내면의 소리에 귀 기울인 경우가 많았다.

컨설팅을 할 때 답답한 경우가 가끔 있다. 컨설팅의 주인공은 학생이다. 학부모도 카운슬러도 조연이 되어 도움을 줄 뿐 최종 결정권은 학생에게 있다. 그런데도 가끔 결정력이 결여된 경우가 있다. 자신이 뭘 원하는지도 모르고 어떤 학교를 가서 공부하고 싶은지 생각도 결정도 미루는 것이다. 인생은 남이 살아주는 게 아닌데 말이다. 안타까운 일이다.

Self-concept는 대단히 중요하다. 실제로 컨설팅을 할 때 Self-concept가 뛰어난 학생은 자신의 커리어에 확신을 가지고 움직이며 더 다양한 가능성을 열고 움직인다. 학교생활에 대한 조언을 구할 때도 적극적으로 임하고, 혹시 방향이 맞지 않는다고 판단되면 빠르게 수정한다. 이는 대단히 유리한 조건을 가져온다. 당연히 학교와 전공을 선택할 때도 스스로 결정하는 경험이 쌓여가며, 비록 시행착오를 하더라도 자신이 책임질 것이고 수정할 수 있다는 안정감이 있기에 폭넓게 선택한다. 이것은 상급학교로 진학한 뒤에 더욱 큰 격차를 만들어낸다.

어드미션 컨설팅을 하면서 주력한 점 역시 스스로 결정할 수 있는 시간을 주는 것이었다. 조언을 하고 데이터를 제공하지만 최종 결정은 본인 스스로 할 수 있도록 계속적으로 유도했고, 학교를 정하는 시점에는 스스로 선택하고 결정하는 일에 익숙해졌다. 결정을 직접 내리도록 기회를 주고 기다려주며 믿어주는 것은 매우 힘든 일이다. 많은 부모가 참아내지 못하는 부분이기도 하다. 인생 전반에서 발생하는 끊임없는 Decision-making의 연속. 매번 다른 사람의 손을 빌려 결정을 내릴 수는 없는 것이다.

간혹 부모 자녀 간의 친밀함이 두텁다 못해 지나치다 보면 부모의 강한 사랑(?)이 자녀의 Self-concept를 무력하게 만들 때가 있다. 때로는 부모의 선택에 편안하게 편승하려는 아이들의 이기적인 마음이 이를 약하게 만들기도 한다. 하지만 정말 아이들에게 물려주어야 하는 유산은 어떤 상황에서 어떤 기준으로 어떻게 결정을 내리는지를 가르쳐주는 것이고, 이 모든 판단은 아이들의 Self-concept를 해치지 않는 것이어야 한다.

Self-concept는 인재가 되기 위한 매우 중요한 스펙이기도 하지만 자기 삶을 주도적으로 살아가는 데도 필요하다. 자기가 내린 결정에 따라 어떤 결과가 생기고 그 결과를 책임지는 모습을 통해 성장하고 발전할 토대가 마련되기 때문이다.

소신이 너무 강하고 고집이 세다며 걱정을 하시는 학부모들이 많다. 소위 '까칠한' 아이라는 거다. 하지만 내가 만난 대부분의 아이들은 까칠하다기보다는 자신의 일에 자부심을 가지고 주도적인 마음이 강한 아이들이었다. 부모 눈에는 말을 안 듣는 아이처럼 보일 수 있어도 나름의 기준으로 열심히 노력하는 아이들이었다. 어떤 학생들은 본인이 절대로 실패하지 않을 거라는 강한 믿음이 있었다. 그런 마음가짐은 칭찬할 만하다.

Self-concept가 부족한 학생들은 난무하는 정보의 홍수 속에서 자신의 것을 찾아내기 어려워한다. 방대한 대학 자료를 정리해서 줘보기도 하고, 심지어 책으로 만들어서 주기도 했지만 여전히 판단을 못 내리는 경우가 많다. 정보를 자신의 것으로 만드는 데도 내면의 힘이 필요하다.

독일의 철학자이자 작가인 페터 비에리 교수가 쓴 《자기결정》을 보면 자기결정적 삶이란 자아상과 현실의 삶의 일치이며 자기결정의 과정은 스스로를 알아가는 일부터 시작된다고 말한다. 스스로를 알아가는 자기인식은 끊임없는 물음을 통해 익숙했던 생각의 패턴에서 거리를 두고 검증 과정을 통과한다. 또 감정이나 정서 등 내적인 언어로, 경험에 대한 기억으로, 타인에게 얻은 영향력 등으로도 자신을 인식할 수 있는데, 이러한 다양한 방법으로 자기 자신을 알아갈수록 중요한 힘이 생긴다. 자기 자신에 대해 비판적인 거리를 유지할 수 있고, 경험과 거리를 유지하여 자아상을 만들 수 있으며, 그 자아상을 마지막 순간까지 끊임없이 고쳐가며 발전시킬 수 있다. 좋은 학교에서 원하는 인재상, 발전가능성이 무한한 인재상과 맞아떨어진다.

좋은 인재로 이끌어줄 자기결정력은 스스로의 인식과 노력도 필요하지만 주변의 노력도 필요한 분야다. 끊임없이 자기 자신과 대화하되, 다른 사람과의 관계를 통해 자신의 생각이 얼마나 거리가 있는지 점검할 수 있어야 한다. 그렇기에 자기 자신을 알아가는 과정을 훈련하면서 타인과의 관계 맺기에도 열려 있어야 한다. 이 과정에 조심스럽게 개입하여 생각을 자극할 수 있는 여건을 마련한다면 사고의 확장을 가져올 수 있으리라 생각한다.

Opportunity
기회는 지금뿐이다

대학교 3학년 때 나는 1년간 휴학하고 인턴십을 했다. 그 당시 빨리 대학을 졸업하고 경력을 쌓는 것이 사회 통념상 대세였기 때문에 나처럼 휴학을 하는 학생은 그리 많지 않았다. 하지만 내가 가려는 분야가 진짜 어떤 얼굴을 하고 있는지 궁금해서 답답해 미칠 지경이었다.

당시 나의 최대 관심 분야였던 여행과 호텔 쪽으로 많은 경험을 쌓고 나중에 관련 창업을 해보고 싶은 마음이 있었다. 그래서 당시 국내에서 가장 큰 여행사에 입사했다. 관광가이드 자격증을 따서 프리랜서로 전 세계를 다니고 싶다는 꿈을 늘 가지고 있었지만 솔직히 일반적인 친구들과는 다른 길이었기 때문에 걱정이 많았던 것도 사실이다.

여행사에서 정직원으로 근무하며 누구보다 재밌게 열심히 일했다. 정직원은 3개월에 한 번 정도 해외출장을 다녀와야 했다. 드디어 내게도 기회가 왔다는 기쁨에 몇 날 며칠 가이드를 하기 위한 준비와 공부를 했고 일행과 함께 비행기에 올랐다. 홍콩이나 다른 여행지는 가이드가 할 일이 엄청 많다고 해서 상대적으로 편하다는 괌, 사이판을 선택했다.

그런데 첫 출장을 떠나기 약 열흘 전쯤 충격적인 비극이 벌어졌다. 괌에서 대한항공 801편 사고가 난 것이다. 그때 나는 미주지역 팀에 있었고 우리 팀은 모두 충격에 빠졌다. 당시 정확히 기억은 안 나지만 우리 회사에서 출발했던 고객이 20명 가까이 되었는데 대부분 사망했다. 출발 전 매일 통화하던 고객이 사망자 명단에 포함되어 있었을 때의 그 충격은 이루 말할 수가 없다. 이런 큰 사고가 있었지만 그래도 일상의 시계는 멈추지 않았고 놀라움이 채 가시기도 전에 다음 출장지인 사이판을 가게 됐다.

여행은 순조로웠고 재밌었다. 돈도 벌고 여행도 하다니, 이렇게 좋을 수가 있을까 싶었다. 이런 식이라면 평생 이 일을 해도 재밌을 것 같았다. 하지만 여행 마지막 날 문제가 발생했다. 갑자기 폭풍우가 몰아치기 시작하더니 역대급 폭우와 태풍으로 확대되었다. 거리엔 차가 보이지 않았고 관광객의 발이 묶였다. 원래 태풍이 잦은 지역이기는 하지만 현지인들의 말에 따르면 보기 드문 슈퍼타이푼이라고 했다. 결국 출발하기로 한 날짜에 비행기가 뜨지 못하고 출발이 3일 정도 지연되었다.

생애 첫 가이드를 맡은 휴양지에서 역대급 자연재해를 맞이하게 된 나는 이 불가항력인 상황 앞에서 정신을 차릴 수가 없었다. 그동안 열심히 공부하고 준비만 했지, 이런 변수는 생각지도 못했던 것이다. 가이드만 믿고 따라온 분들에게 실례가 이만저만이 아니었기에 이내 정신을 차리고 가이드의 본분을 지켜야겠다는 생각이 들었다.

"여러분, 태풍으로 일정에 차질이 생겼지만 그래도 가만히 있을 수는 없으니 할 수 있는 것을 하도록 하겠습니다."

솜털 보송보송한 신출내기 가이드가 나이 지긋한 관광객에게 가이드를 시작했다. 최대한 움직일 수 있는 곳으로 모셨고 준비해 간 것을 하나씩 했다. 그렇게 이틀쯤 지났을까, 활동에 제약이 워낙 많다 보니 가이드로서 할 수 있는 일, 아니 준비해 간 모든 것이 끝났다. 앞으로 함께 있어야 할 시간이 며칠 더 남았건만 가이드로서 밑천이 바닥나다니. 앞이 캄캄했다. 섬은 단전에 통신 불능이라 부모님께 전화도 드리지 못했다.

돈도 여유가 없었다. 어차피 출장 나간 직원은 호텔도 음식도 무료였지만 연장 체류 비용은 감안되어 있지도 않았다. 섬 전체가 정전이 되었고, 한밤중에 자다가 호텔 벽이 무너질 수도 있으니 대피하라는 명령에 급하게 숙소를 옮기기도 했다. 호텔 밖으로 생필품을 사러 잠시 가야 했는데 차가 굴러다닐 정도로 바람이 심하게 불어 위험했다.

몇몇 손님이 빌린 차로 나가겠다고 하자 대부분의 손님이 같이 나가겠다고 했고, 나는 선택의 여지 없이 안전을 위해 따라나서야 했다. 무사히 쇼핑을 마치고 돌아오는 길에 돌풍이 불어 사람이 날아갈 뻔했지만 모두 손에 손을 잡고 중심을 잡아 다시 호텔로 안전하게 돌아왔다.

난생처음 겪는 일에 정신이 없었다. 그때 어떤 남자 손님이 자발적으로 나서서 사람들 사이를 분주히 오가며 돕기 시작했다. 연세 지긋해 보이던 다른 손님도 전체의 안전을 위해 돕겠다고 하셨고 투어 팀은 새로운 리더의 지시에 조용히 따랐다. 그분들은 투어 내내 조용히 존재를 드러내지 않으셨던 분들이었다.

반전이었다. 순식간에 팀을 리드하며 남아서 할 수 있는 여행 리스트를 짜고 일정 조정, 항공 예약까지 척척 의견을 모아주었고 팀원들의 마음을 안정시키는 등 기지를 발휘하셨다. 한 분은 식사와 호텔 숙박을 연장할 때마다 호텔 측에 이야기해서 우리가 추가 요금을 내고 머무르고 있으니 가이드 아가씨는 무료로 해 달라고 협상까지 해주셨다.

상황이 바뀌었다. 원래는 내가 이끌어야 하는 팀이었는데, 어느새 나는 팀원 중 한 명이 되어 있었다. 오히려 연륜과 경력이 많으신 그분들이 마치 아버지처럼, 부모님처럼 나를 이끌고 있었다.

'아, 연륜과 경륜이라는 게 괜히 있는 게 아니구나. 나는 정말 위기의 순간에 할 수 있는 게 아무것도 없구나.'

그분들의 활약을 보며 나의 무지와 무식을 개탄하고 마음으로 다짐했던 기억이 난다. 직업과 사회를 우습게 봤던 나에게 인턴십은 큰 배움을 선사했다.

7일째 되던 날, 드디어 한국으로 가는 비행기가 뜬다는 소식이 들렸다. 기뻐하기도 잠시, 우여곡절 끝에 탄 비행기 안에서 극심한 터뷸런스(난기류)를 겪고 거의 죽을 것 같은 경험을 했다. 태풍이 다 가시지 않은 사이판 상공의 대기는 매우 불안했고 비행기는 요동치다 못해 어느 순간 중력을 잃고 뚝 떨어지기를 반복했다.

불과 얼마 전에 일어난 괌 비행기 사고가 생각났다. 기내에서 소리 지르던 사람들의 목소리가 아직도 들려오는 듯하다. 나는 너무 공포에

질려 소리조차 못 질렀다. 그때 이렇게 죽는구나 생각했다.

죽을 뻔한 경험을 한 사람은 인생이 바뀐다고 했던가. 무사히 착륙하여 밟은 한국 땅은 너무도 아름다워 보였다. 짜증처럼 느껴졌던 날씨나 어깨를 부딪치며 지나가는 사람들조차도 싫지 않은 느낌이었다. 마치 새로운 삶이 주어진 듯했다. 가기 싫었던 학교가 더는 싫지 않았고, 하기 싫었던 공부가 재밌어졌다.

이 사건 이후로 나는 기회에 관해 많이 생각하게 되었다. 나에게 주어지는 모든 기회는 소중하고, 내가 만일 존재하지 않았더라면 다시는 없을 기회다. 비행기 안에서 느꼈던 절실한 마음이 삶의 모든 부분에서 강력한 열정으로 전환되어 투지를 발휘했다. 생각만 바꾸면 모든 것이 기회이며 배움이었다.

그 이후 주어진 공부나 업무를 절대 남의 것이라고 생각하지 않았다. 풀타임으로 대학원을 다니고 풀타임으로 회사생활을 병행하는 엄청난 스케줄을 감당할 때도 다시없을 기회라 여기며 버텨냈고 그건 나만의 경쟁력이 되었다. 생각의 변화 하나가 이렇게 삶의 가치를 크게 바꾸어놓다니. 그러나 나처럼 죽을 뻔한 경험을 굳이 하지 않아도 이 사실을 깨닫기를 바란다.

자신에게 주어진 모든 것이 기회라고 생각하면 모든 삶이 적극적인 자세로 바뀐다. 유학 준비를 의뢰하러 오는 학생들 중에 유난히 눈이 반짝거리는 이들이 있다. 정보의 많고 적음의 문제가 아닌, 정말로 절실하게 공부하고 싶고 경험하고 싶은 마음이 보이는 경우가 있다. 절실함이 있는 것이다. 그런 이들은 커리어가 부족해도 카운슬러의 조언을 스펀지처럼 받아들여 기어코 커리어를 구축한다. 그 절실함이 좋은 결과를 만들어낸다.

절실함을 장착할 수 있어야 한다. 절실하면 모든 것이 스승이 되기 때문이다. 카카오 커뮤니케이션 전략 고문인 박용후 님의 '관점을 디자인하라'는 메시지처럼 자신의 생각의 관점, 지금 주어진 기회에 대한 관점을 바꾸는 노력이 필요하다.

나는 고등학교 때까지 특별한 관심사가 없었고 전공도 쉽게 정하지 못했다. 다른 친구들처럼 예체능에 재능을 보이지도 않았고 부자도 아니었다. 또 주변에 성공을 보장해줄 인맥도 없었다. 대학 이후로는 특별한 관심 분야를 찾지 못해 20대에는 우울한 날을 보낸 적도 있다.

뭐든 하기만 하면 중간 이상은 했지만 천재성을 보이거나 월등히 잘하는 분야를 찾기 어려웠다. 체력이 약해서 운동을 많이 하지 못했고 운동 신경도 그렇게 뛰어나지는 않았던 것 같다. 대단한 열정을 가지고 정말 열심히 사는 사람들에 비해 의지가 약하고 많이 게을렀던 것 같다. 성인이 되어서도 성공할 확률이 거의 없다고 생각했다.

우울한 라이프 스토리다. 그렇다면 다음과 같은 인생은 어떨까?

초등학교 내내 학력상, 글짓기, 그림 등 엄청나게 많은 상장을 학교에서 받았고, 전교생의 반을 책임지던 응원단장이었다. 학교에서 IQ Test를 했을 때 가장 높은 점수가 나왔다면서 선생님이 몰래 알려주신 적도 있고, 중학교 시절 전교 1등을 포함해 상위권을 놓치지 않았다. 글짓기 대회에 나가서 많은 수상을 했고 어느 대회에 나갔을 땐 대상인 국회의장상을 타기도 했다. 그 바람에 수상 순간이 TV 뉴스에도 나오고, TV 프로그램도 촬영했으며, 대학 내내 장학생으로 선발됐고, 하는 활동마다 리더 역할을 했다.

이것도 나의 이야기다. 관점만 바뀌었을 뿐인데, 무척 다른 인생처럼 느껴진다. 만일 자신에게 주어진 기회 하나하나를 모두 절실한 마음으로 대한다면 완전히 다른 스토리가 될 수도 있다. 나는 엄청난 사건을 겪으면서 이 기회가 얼마다 소중한 것인지 깨달은 된 행운아(?)가 되었지만 대부분의 사람은 이 기회를 그냥 지나쳐 간다. 절실하면 모든 게 스승이 된다.

04

Motivation
스스로에게
질문할 수 있는 힘

가끔 학생들과 대화를 나누다 보면 깜짝 놀랄 때가 있는데, 어린 날의 나처럼 생각하는 아이들이 많기 때문이다. 이것저것 다 잘하고 공부도 잘하는데 자신은 전혀 잘하는 게 없다고 생각했던 나의 어린 시절, 그때의 모습과 비슷한 것이다. 이러한 성향은 학부모 상담에서도 연장된다. 상담을 하다 보면 우리 아이는 특별히 잘하는 것이 없다는 말을 정말 많이 듣는데, 과연 그럴까?

어릴 때부터 공부를 포함하여 승마, 그림, 성악, 아이스하키, 수영, 코딩, 악기, 바둑, 영상 등등 정말 셀 수 없이 많은 활동을 다양하게 섭렵한 학생들인데도 특별히 잘하는 것이 없다고 말한다. 아마 우리 한국인들의 눈으로는 특별히 잘한다는 것의 기준이 동네방네 소문날 정도로 잘한다는 것을 의미하나보다.

고등학교 시절의 나는 온통 의문투성이였다. 중학교까지 전교 1등을 하다가 고등학교 입학 전에 단지 몇 달간 선행학습을 하지 않았다는 이유로 성적이 쭉 떨어졌다. 그 이유 때문인지는 모르겠지만 근본적으로 공부를 해야 할 이유를 모르겠다는 생각이 강하게 들었다.

'대체 공부를 왜 하는 거지?'

'이 공부를 해서 어디에 써먹을 수 있을까?'

이런 생각에 빠져 있으니 가뜩이나 학업에 대한 성취가 더뎠다. 대학에서도 마찬가지로 근원적인 물음이 떠나지 않았다. 장학금을 받을 정도로 성적은 괜찮았지만, 대학에서 배운 학문이 왜 필요한지, 어디에 쓸모가 있는지 스스로 깨닫지 못했다. 전공이 직업으로 연결되는 것이라고만 철석같이 믿고 있던 무지의 소치이기도 했다.

그러던 어느 날, 대학에서 장학생 7명에게 해외 연수 기회를 주는 행운이 찾아왔다. 하와이 대학으로 한 달 정도 연수 프로그램에 참여하는 것이었는데 다른 대학 장학생까지 모두 40여 명이 참가했다. 하와이는 세계적인 관광지이기도 하니 그 한 달이라는 기간이 무어 그렇게 대단한 기억일까 생각할 수 있다. 그러나 나에게는 첫 해외 여행지였고, 아름다운 자연과 자유롭고 여유 있는 미국 문화를 처음으로 접하게 된 시간이었다.

하와이 대학 캠퍼스는 버스를 타고 이동해야 할 정도로 넓었다. 대학에는 도서관처럼 운영되는 낮잠 자는 방이 곳곳에 있어서 지치면 쉬다가 갈 수도 있었다. 넓은 도서관 안에는 드럼과 각종 악기를 연주해도 다른 사람들에게 들리지 않도록 방음장치가 되어 있어 혼자 연주할 수도 있었다.

더운 곳이었지만 가끔씩 해가 쨍쨍한데 스프레이를 뿌리는 듯한 비가 동시에 와서 비를 맞아도 기분 나쁘지 않고 쾌적했다. 지상낙원이 따로 없었다. 이런 곳에서 공부하고 꿈을 키우고 자신의 미래를 설계할 수 있다니! 매일 쫓기는 심정으로 도서관에서 취업을 준비하던 내 또래 학생들과는 달라도 너무 달랐다.

그러다 어느 날 버스를 타면서 신선한 충격을 받았다. 버스에서 만난 한 청년 때문이었다. 남의 시선은 아랑곳 않고 자신만의 스타일로 삶을 누리는 외국 학생들이 넘쳐 나는 곳이었지만 그 학생은 유독 기억에 남았다. 한쪽 면이 심하게 터진 백팩을 메고 있었는데 아무렇지도 않게 옷핀 여러 개로 대충 꿰매고 있었다. 그런 청년을 이상하게 보는 주변 시선도 없었다. 그 학생을 보면서 나는 그동안 왜 그렇게 다른 사람의 시선을 신경 쓰고 살았는지 깊이 생각해보게 되었다.

'내가 한 번도 생각해보지 않은 일에 맞서는 것.'

나도 그것을 해보고 싶었다. 그것은 분명 의미 있는 도전이었다. 지금까지 우물 안 개구리로 살았다는 사실이 온몸으로 느껴지면서 그들의 자유분방함이 어디서 기인하는지 더 많이 경험하고 싶었다. 더 넓은 세상을 경험해보고 싶다는 모티베이션(동기부여)이 내 안에 일어난 것이다. 결국 그 경험을 통해 마음이 바뀌었다. 내가 속한 좁은 세계만을 기준으로 생각하고 행동할 필요가 없다는 생각이 들었다.

나는 그 하와이 대학의 연수를 통해 '대학'이라는 아름다운 곳의 매력에 푹 빠졌다. 사람을 변하게 하고 생각하게 만들고 영감을 주는 곳이면서 자신이 어떤 사람이 될 것인가를 진지하게 고민하게 만들어주는 곳이라는 점에서 정말 연구할 가치를 느꼈다. 대학이 꼭 취업이나 성공을 위해서 가야 하고 학점과 스펙만을 위해 존재하는 곳이 아니라는 것도 깨달았다.

그 이후로 나에게 대학은 가장 재미있는 연구 대상이 되었다. 누가 어느 대학을 나와서 어떻게 성공했는지 찾아보고 추적하는 일이 즐거웠고, 좋은 제도를 가진 대학 시스템과 환경에 환호했다. 각 나라의 명문 대학들은 또 다른 의미와 가치를 지닌 경우가 많았다. 해외 여행지를 하나하나 돌아다니면서 여행지를 음미하듯이 나에게는 대학이 여행지이면서 계속 공부해보고 싶은 과제가 되었다.

어떤 일을 하게 하는 모티베이션은 삶을 좀 더 나은 방향으로 나아가게 하는 중요한 동력이 된다. 모티베이션은 일을 시작하게도 끝마치게도 하고, 새로운 전환을 하는 등 머물지 않고 움직이게 하는 힘이기 때문이다.

좋은 인재가 갖추어야 할 스펙으로 모티베이션을 꼽은 이유도 여기에 있다. 자기 스스로에게 동기를 부여하고, 동기를 찾아가는 사람은 지속적으로 꿈과 희망을 추구한다. 그리고 그런 꿈과 희망은 생동감과 연결된다.

대학은 어드미션 과정에서 학생이 얼마나 모티베이션을 가지고 활동했는지 체크한다. 모티베이션과 활동의 연계성이 얼마나 자연스러웠는지, 그를 통해 어떻게 활동을 확장시켜나갔는지 또는 확장해나갈 계획인지 살펴보는 것이다. 그 속에서 창의적인 아이디어가 나오고 다른 이들에게 영감을 줄 수 있다고 판단하기 때문이다. 결국 자신에게 동기를 부여하는 동시에 다른 이들에게도 동기를 부여할 수 있는 모티베이 터를 찾는 것이다.

꽤 많은 학생이 무기력증에 빠져 있다. 미국에서 브랜치 매니저로 일할 때 유학생이나 교포 친구들을 많이 만났는데, 학업에 대한 모티베 이션이 활발한 친구도 있었지만 그렇지 못한 경우도 많았다. 부모는 어 떻게든 미국에서 좀 더 나은 삶을 살게 해주고 싶어 학비를 지원해주고 학원을 보냈을 테지만, 스스로 동기가 유발되지 않으니 소용이 없었다. 안타깝지만 '그냥', '되는대로'라는 말을 입에 달고 사는 친구들은 좋은 결과를 내지 못했다. 반면에 스스로 모티베이션이 된 친구들은 여러 학 교에서 러브콜을 받았다. 당연히 상급학교로 올라간 뒤 그들은 날개를 달았다.

그들을 지켜본 바로는 스스로 모티베이션거리를 찾아다녔다. 자기 자신을 잘 알기에 무엇을 하면 자신의 욕구를 자극할 수 있는지, 열정 을 끌어올릴 수 있는지 알고 있었다. 가령 목표지향적인 성향이 강한 친구들은 학교생활을 할 때도 뭔가 뚜렷한 목표를 정하여 동기가 유발 되는 장치를 만들어놓았다. 늘 새로운 것에 관심을 가지고 있는 친구들 은 학교 내 새롭게 시작된 봉사 활동이나 동아리 활동에 관심을 두고 이슈가 생길 때면 도전하는 식이었다. 당연히 그들의 삶은 모험과 도 전, 새로운 성과로 채워졌고 변화를 추구해야 하는 시대적 필요와 맞아 떨어졌다.

컨설팅을 했던 학생 중에 모티베이션이 뛰어난 학생이 있었다. 어 려운 이들을 돕고 싶어 하는 마음이 컸던 학생이었는데, 어드미션을 준비하는 과정에서는 그 모습이 잘 드러나지 않았다. 그런데 미국의 상급 학교로 진학한 뒤 진가를 발휘하기 시작했다. 가장 관심 있는 분야로 전공을 정했지만 막상 대학에 가서는 다양한 활동을 하면서 남을 돕고 싶어 하는 동기가 유발되었고, 그것이 계기가 되어 이후에 인류학 쪽으로 분야를 바꾸었다.

그 학생은 자신과 생각을 같이하는 팀원을 모집해 소외된 이웃과 국제 난민을 돕는 봉사단체를 만들어 활발히 활동하고 있다. 학교 측에서도 그들의 모임에 적극적인 관심을 보이고 후원해주는 등 지경을 넓혀가고 있다.

모티베이션에는 집단의 협업 능력을 끌어올리는 힘이 있다. 그렇다면 모티베이션을 잘 이끌어내려면 어떻게 해야 할까? 우선 다양한 경험을 긍정적으로 받아들이는 훈련이 필요하다. 모든 경험은 수용하는 태도에 따라 득이 될 수도, 독이 될 수도 있다. 어떤 사람은 굉장히 새로운 경험을 했어도 눈에 보이는 성과가 없으면 쓸데없는 경험이었다고 생각하지만, 어떤 사람은 그것조차 모티베이션으로 삼는다.

아이비리그 합격생들의 에세이를 보면 실패한 경험이 가끔 등장하곤 한다. 그것이 모티베이션이 되어 새로운 일에 도전하거나 시행착오를 줄이기 위한 노력을 기울였기에 그것만으로도 발전가능성을 보여주었다고 믿는 것이다. 다양한 경험을 두려워하지 않고 그것을 잘 수용하는 훈련을 하는 것이 중요하다. 성과만 중요시하는 것이 아니라 모든 상황을 긍정적으로 바라보는 훈련을 한다면 어떤 경험이든 모티베이션이 되어 활동을 확장시켜나갈 수 있을 것이다.

또 한 가지, 질문하는 능력을 키우는 일도 매우 중요하다. 저절로 동기가 유발되지 않기에 그 뇌관을 건드려줄 단초가 필요한데, 그것이 바로 질문이다. 스스로에게 질문을 건네면 마음을 인지할 수 있고, 대답을 유추하는 가운데 자신의 마음을 들여다볼 수 있다.

0.1% 엘리트의 탄생

05

Curiosity
호기심을 확장하는 힘

대학 시절 수많은 아르바이트를 섭렵했던 이유는 호기심 때문이었다. 학비를 충당한다는 목적도 없지 않았지만, 다양한 직업의 세계가 정말 궁금했다. 만약 돈 버는 게 목적이었다면 시간당 비용이 가장 높은 일을 계속했을 테지만, 그보다는 '이 직업은 어떨까', '저 일을 하는 사람들은 어떤 사람일까' 하는 호기심으로 아르바이트에 임했다. 더 솔직히 말하면 구인광고를 보고 지원하는 게 취미였을 정도다.

특히 면접에서 회사의 이야기를 듣는 과정은 참 흥미로웠다. 대부분 면접을 꺼리는 데 반해 나는 회사에 대한 설명을 가장 정확히 들을 수 있는 기회라는 생각이 들어서 면접을 즐겼다. 정확하게 세어본 건 아니지만 수십 가지는 경험했던 것 같다. 호기심으로 시작한 일의 세계는 재밌기도 하고 고되기도 했다. 직업에 대한 궁금증이 풀리면서 삶의 데이터가 쌓이는 기분이었다. 또 사람에 대한 이해도 높아졌다고 생각한다.

호기심을 갖는다는 건 상상력을 자극한다는 점에서 좋은 것 같다. '왜 그럴까?', '어떤 것일까?', '누가 했을까?', '언제 했을까?' 등등 질문을 하면서 상상의 나래를 펼치게 되기 때문이다. 이는 다양한 관점에서 바라볼 수 있게 한다.

컨설팅을 할 때 Top Tier 대학 입학을 희망하는 9학년 학생을 만났다. 성적으로 볼 때는 애매한 수준이었는데 질문이 매우 날카롭다는 점이 특이했다. 단순히 자신이 좋은 학교를 갈 수 있을지 질문하는 게 아니었다. 컨설팅 자체에 호기심이 있는 듯했는데, 컨설팅으로 어떤 효과를 얻을 수 있는지, 이러한 컨설팅이 우리나라에서 얼마나 효과가 있는지를 물었다. 그 모습이 대견하기도 하고 재밌기도 하여 최대한 성실하게 대답해주었고 더는 질문이 나오지 않을 때까지 이야기를 나누었다.

부모님과 학생은 곧바로 컨설팅을 의뢰했고, 우리는 저 정도 호기심이 있는 친구라면 충분히 가능성이 있다는 생각에 어드미션을 준비했다. 예상대로 그 학생은 High School 내내 궁금해하고 묻고 깨는 과정을 이어갔다.

"선생님, 저 이번 학기에 철학 수업을 들어보고 싶어요. 원하는 전공이 사이언스라서 안 맞는 것 같지만 그래도 사이언스와 철학이 어떤 연관성이 있는지 궁금해요."

"좋은 생각이야. 사이언스를 전공으로 생각한다고 해도 관련 과목만 듣는 건 생각의 확장을 줄 수 없을 거야. 구체적으로 뭘 알고 싶어?"

"역사를 살펴보면 철학자가 과학자가 되었잖아요. 사유를 통해 어떻게 과학의 원리를 생각해냈을까, 저는 그게 제일 궁금해요."

학생은 고등학교 시절 내내 다양한 과목을 들으며 그것이 과학과 어떤 연관이 있는지 궁금증을 풀어갔다. 그러더니 고교 동아리 활동으로 오케스트라를 하겠다고 선언했다. 그건 좀 의외였다.

"오케스트라에 들어가고 싶은 이유가 있어? 너한테 어떻게 도움이 되니?"

"음악의 세계도 굉장히 과학적이잖아요. 화성학을 공부하니 더 그렇더라고요. 그래서 오케스트라 단원이 되어 음악에 흐르는 과학을 느껴보고 싶어요. 음악을 완전히 모르는 건 아니니까 피해는 주지 않을 거 같아요. 저 같은 아마추어도 오케스트라 단원이 될 수 있다는 걸 보여줄 수도 있잖아요."

그 학생은 열정과 의지로, 그 학교에서는 처음으로 음악을 전문적으로 배우지 않고 오케스트라에 입단한 첫 케이스가 되었다. 결국 이러한 도전은 어드미션에 매우 유리하게 적용되었고 HYPS에 합격하는 성공적인 결과를 가져왔다. 궁금해하고 묻고 금기를 깨는 노력이 거둔 성과다.

실제로 컨설팅을 통해 좋은 결과를 낸 학생들 중에 호기심이 풍부한 이가 많다. 궁금해하고 호기심을 갖다 보니 이것저것 시도하게 되고 그러한 적극적이고 탐색적인 모습이 좋게 비친 것이다.

커리어 개발과 성격유형지표를 연구하는 Donald Super의 Life Rainbow에 따르면, 커리어적 관점에서 전 생애에 걸친 진로 발달 단계가 있다고 한다. 이는 성장, 탐색, 확립, 유지, 쇠퇴의 다섯 단계로 나뉘며, 나이대별로 맞는 탐색과 선택을 구체화해야 한다고 한다.

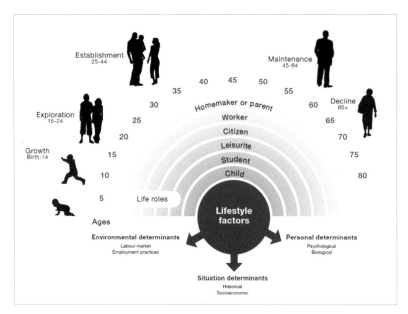

Life Rainbow

　　컨설팅에서 만나는 이들은 대부분 15세부터 24세, 즉 한창 탐색을 해야 하는 단계에 있는 이들이다. 어떤 이는 100세 시대에 맞춰 탐색기를 15세부터 29세까지로 연장해야 한다고 주장하는 사람도 있다. 어쨌든 한창 어드미션 세계에 입문한 아이들에게는 그만큼 많은 탐색 기회가 필요함을 말하고 있다. 이 시기에 인생에 대해, 자기 자신에 대해, 자신의 효능감에 대해 열심히 탐색해본 자만이 다음 단계에서 진짜 자기 것을 만들어낼 수 있다는 의미와도 같다.

　　앞으로의 세상은 호기심과 상상력에 따라 탄생할 전혀 새로운 일들로 가득 찰 것이다. 호기심을 통해 상상력이 발휘되고 그 상상력이 융합되어 미래의 역사가 쓰일 것이다. 그러므로 인재로 선택받고 성장하려면 호기심을 꾸준히 유지하며 정해진 틀을 깨는 노력을 지속적으로 해야 한다.

《호기심의 두 얼굴》을 쓴 수전 엥겔은 30년 넘게 아이들의 호기심을 연구한 심리학자다. 그는 "호기심은 정상적인 사람이라면 모두 지닌 고정적인 성격이고 성장 과정에서 점점 약해진다. 그러므로 어떤 경험을 하느냐가 호기심을 결정한다"라고 말한다. 또 호기심이 잘 해결돼야 호기심에 대한 유쾌한 느낌이 유지되기에, 이를 유지 발전시키려면 예상 밖의 일이 벌어졌을 때 왜 그런 일이 생기는지 알아보고, 알아가는 과정과 결과를 즐기라고 조언한다.

그렇기에 컨설팅을 하면서 학생들을 만날 때도 이 부분에 신경을 많이 쓴다. 본래 호기심이 많은 친구들에게는 그 부분을 학업과 연관시켜 확장시킬 수 있도록 제언을 하고 관련 정보를 제공한다. 또 그렇지 못한 경우는 어떤 분야에서 호기심을 갖고 탐구할 수 있을지를 함께 고민한다.

매우 수줍음이 많던 한 여학생은 수동적인 학교생활로 고민이 많았는데, 이야기 도중 요리에 호기심이 많다는 것을 발견하고 그 분야에 대한 탐구를 고교 시절 내내 이어갔다. 요리에 있어 가열하는 온도차가 왜 중요할까, 요리에 따라 어떤 그릇에 담는 것이 적절할까 궁금해하고 묻는 등 수업과 과제, 활동에 포커스를 맞추었다. 그러자 그것이 그 학생만의 창의적 활동으로 인정받았다. 대학에 진학해서도 여전히 요리에 관심과 도전을 이어가며 인문학을 공부하고 있는 이 학생처럼, 호기심을 통해 경험한 유쾌한 기억은 지속적인 발전 동력이 된다.

호기심을 유지하는 건 누군가 볼 때 4차원스러운 면도 보이고 쓸데없는 생각을 한다고 생각할 수도 있다. 또는 지나치게 부산스러운 면도 보일 수 있다. 하지만 그 깊은 곳에서 울리는 호기심의 종소리를 무시하면 탐색의 시간은 사라진다. 열심히 자신을 탐색한 자가 좀 더 밝은 미래와 만날 수 있다.

06

Challenge

어제까지 없던
다름을 사랑하라

 개인적으로 인상 깊게 들었던 강의가 있다. 소년 가장 출신에 야간 대학을 다니며 행정고시와 입법고시에 합격한 뒤 경제부총리까지 오른 고졸 신화의 대표적 인물 김동연 전 경제부총리의 '당신의 용기 있는 선택이 미래를 바꾼다'는 강의다. 그는 강의에서 용기 있는 자세로 변화를 선택할 때 미래가 바뀔 수 있다며, 그러려면 우리 사회에 공공연히 자리 잡고 있는 금기를 깨야 한다고 말했다. 경제통답게 풀어간 내용도 인상적이었지만, 금기를 깨야 한다는 그의 주장이 강하게 다가왔다.

 예화로 든 1마일 육상 경기 이야기가 있다. 미국에는 1마일을 뛰는 육상 경기가 있는데, 의사와 전문가들은 1마일을 4분 내에 깨는 것은 불가능하다고 말해왔다. 의학적 근거로 볼 때 사람이 1마일을 4분 내에 뛰면 근육이 찢어져 죽을 것이라는 이유에서다. 실제로 가장 빠른 기록을 세운 선수가 4분 3초였는데 그 역시 "4분 벽을 깨는 것은 무모한 짓이다"라고 이야기했을 정도다.

그런데 1954년 5월, 옥스퍼드대학교의 한 이과생이 이 4분 벽을 깼다. 더 놀라운 일은 4분 벽이 깨지고 한 달 안에 선수 10명이 4분 벽을 넘어섰다는 점이다. 그리고 1년 안에 37명, 2년 안에 300명 선수가 4분 벽을 깼다. 금기는 누군가의 시도를 통해 깨지고 한 번 깨진 금기는 쉽게 정복된다. 결국 정해놓은 틀, 금기라는 건 없다. 사람들이, 사회가 정해놓은 틀은 언제든 깨질 수 있고 깰 수 있다. 그것이 변화로 가는 시작점이란 의미다.

미국행을 선택했을 때 주변에서 모두 말렸다.

"왜 사서 고생하려고 해. 연고도 없는 데 가서 너 혼자 어떻게 살려고 그래? 여긴 직장도 좋고 인정도 받고 안정되잖아. 그냥 여기서 편안하게 있어."

모두가 뜯어말리는 미국행이었다. 그런데 나의 생각은 달랐다. 새로운 도전, 새로운 땅에서 벌어질 새로운 경험이 존재의 이유를 강력하게 얘기해줄 수도 있을 거란 믿음이 있었다. 물론 지인들 얘기처럼 아무것도 되지 못하고 돌아올 수도 있을 테지만, 그러면 또 어떤가. 후회하며 주저앉는 것보다는 후회하며 나아가는 게 낫다고 생각했다.

다르게 생각했던 결과는 놀라웠다. 미국이라는 곳이 왜 기회의 땅인지 실감하게 되었고 그 기회를 발판 삼아 지금에 이르렀다. 생각을 달리하지 않았다면 하마터면 평범하게 살 뻔했다! 평범한 게 나쁜 건 아니지만 뻔한 삶은 매력 없다.

Top Tier 학교의 선발에서 중요한 비중을 차지하는 것은 발전가능성이다. 변화를 주도해나갈 가능성이 있는지 보는 것인데, 주어진 틀을 깨려는 노력은 선발에서 바로미터가 될 수 있다. 어학에 능통한 사람이 주로 모이는 분야에 컴퓨터 프로그램을 좋아하는 사람이 도전했다거나, 수학과 체육의 경계를 깨고 체육에서 수학을 탐구하려는 노력, 음악을 전공한 사람이 모인 교내 오케스트라에 아마추어가 도전하는 일, 요리는 먹는 것이라는 기존의 틀을 깨고 보는 요리로 도전하는 등 언제든 틀을 깨고 나갈 수 있는 자세를 원한다. 그것이 곧 새로운 발전을 향해 나아가는 첫걸음이 될 수 있어서다.

천재 한 명이 10만 명을 먹여 살린다. 결국은 다르게 생각한 누군가가 천재 한 명이 된다. 세기의 물리학자로 인정받는 앨버트 아인슈타인을 모르는 사람은 없다. 그가 발견한 과학의 세계는 세상을 바꾸어놓았고 많은 이에게 영감을 주고 있다. 1999년 〈타임〉지에서는 아인슈타인을 '세기의 인물'로 선정하며 이렇게 평가했다.

"20세기의 인물은 아인슈타인이다. 과학과 기술 분야에서 그는 우리 시대의 가장 위대한 심성과 최고의 우상이 될 수 있는 인물이다. 후광 같은 머리털, 날카로운 눈빛, 행동하는 휴머니티, 독특하면서도 화려함을 갖춘 자상하면서도 몽롱한 표정을 한 이 교수는 얼굴과 이름 그 자체가 바로 천재를 상징한다."

이러한 평가에 이견을 내는 이는 없을 것이다. 무엇보다 이 인물을 내가 가장 대단하다고 생각한 부분은 그의 말이다. 과학이라는 것이 기존의 이론에 반론하고 또다시 반론함으로써 새로운 사실을 확립해가는 만큼 수많은 문제를 해결해야 하는데, 그 방법에 대해 이렇게 말한다.

"우리가 직면한 중요한 문제들은 우리가 문제를 만들었을 때와 동일한 수준의 사고방식으로는 풀리지 않는다(The significant problems we cannot be solved the same level of thinking with which we created them)."

한마디로 다르게 생각하라는 뜻이다. 문제가 생겼을 때와 동일한 수준으로 생각해서는 문제를 해결할 수 없기에 발상을 전환해야 한다는 것을 이야기한다.

많은 학생이 자신이 어떤 분야에 특별한 재능이 있다는 이야기를 듣거나 느끼면, 그 분야로만 매진하려는 성향이 있다. 부모 역시 다르지 않다. 물론 특별한 재능을 집중적으로 발전시키는 것도 좋지만 오히려 그것이 더 많은 기회에 접근하지 못하게 만들 수도 있다.

우리에게 컨설팅을 의뢰하는 학생들 중에는 특별한 재능을 가진 학생들이 꽤 있다. 워낙 어릴 때부터 예체능에 노출되어 대부분 잘하지만 그중에서도 특별히 잘하는 경우다. 이런 경우 부모는 물론 학생도 그쪽으로 전공 분야를 정하려는 성향이 강하다. 카운슬러 입장에서 그의 재능을 정량적으로 평가하기란 힘들다. 그럴지라도 생각을 달리하기를 권한다.

"아트를 잘한다고 해서 꼭 아트스쿨을 가야 하는 건 아니야. 오히려 네가 뭘 하고 싶은지에 더 집중해봐. 아트는 네가 하고 싶은 일을 더 빛나게 해줄 훌륭한 조연이 될 수도 있어."

나는 아이들이 일찌감치 길을 정해놓고 가능성을 확장시키지 못하는 것보다는 대학에서 다양함을 경험하고 그때 결정해도 늦지 않을 것이라고 말해준다. 이러한 조언은 학생이나 부모님에게 효과적으로 다가가고 있다. 실제 미국의 교육이 그것을 용납하고 권유하고 있기 때문이다.

우리 기성세대만 해도 전공을 살려 지금의 직업에 이른 경우는 거의 없다. 나도 사회학을 전공한 뒤 지금은 컨설팅을 하고 있지만 대학에서의 학업과 고민과 경험이 직업 속에 전반적으로 녹아 있다. 아마 많은 경우가 그러하리라 생각하기에, 무조건 일찍 방향을 정해야 한다는 생각을 바꾸었으면 한다.

이러한 바람을 이해했는지, 컨설팅을 하면서 만난 많은 학생이 전공을 다르게 생각하게 되었고 생각의 틀을 바꿔가며 삶을 개척해나가고 있다. 한 학생은 아트에 재능이 있어 그쪽으로 진로를 정하고 찾아왔으나, 여러 차례 대화를 나누고 생각하는 시간을 거치면서 스스로 종합대학으로 진학을 선택했다.

"선생님, 정말 종합대학으로 진학하길 잘했어요. 와보니 더 넓은 세상이 있다는 것을 알게 됐어요. 아트는 저를 표현하는 아주 좋은 수단이지만, 정말 원하는 일은 다른 쪽인 것 같아요. 앞으로 국제사회 쪽으로 더 공부하고 싶어졌어요. 대학원까지 생각하고 있어요."

다르게 생각하는 것은 기존의 틀을 넘어서는 불편한 것일 수 있다. 불안한 상황을 유발할 수도 있다. 하지만 그 속에서 새로운 세계가 열리고 새로운 창조가 일어난다. 세상을 움직이는 이들이라 불리는 인물들 역시 기존의 생각을 고수한 사람보다 새로운 생각으로 방향을 전환한 사람이 대부분이다.

보통 구속이 150㎞는 나와야 정상급 프로야구 선수로 분류된다. 그런데 한 선수는 130㎞였는데도 일류 선수가 되었다. 바로 '느림' 때문이었다. '느림의 미학'이라는 별명을 가진 그 선수는 화려한 전적을 쌓으며 활동하고 있다. 그가 일류 선수가 된 데는 생각의 전환이 있었다.

"어릴 땐 제 공이 느리다고 생각하지 않았는데 고등학교에 와서 느리다는 것을 알았어요. 스피드를 높이려 했지만 잘되지 않더라고요. 그래서 생각을 달리했어요. 장점을 키워보자는 생각에 더 느리게 던지는 연습을 했습니다. 그랬더니 타자들이 공을 칠 타이밍을 못 잡던데요?"

진짜 0.1% 엘리트는 '생각의 다름'에서 만들어진다. 남들과 다르게 생각하는 연습에서 새로움이 탄생하고 통찰력이 생긴다. 이 말은 반대로, 다르게 생각할 때 엘리트로 가는 길이 열린다는 의미도 될 것이다.

07

Flexibility

변화에 대한 용기

사람은 누구나 변화를 두려워한다. 두려워하지만 기꺼이 변화할 것이냐 아니냐는 각각의 역량에 따라 다르다. 알다시피 변화가 없으면 발전도 없다. 변화가 없으면 실패도 없다. 변화가 두려워 제자리걸음만 하고 있다면 현재는 유지할 수 있을지 몰라도 뭔가 달라질 가능성은 사라진다.

우리 세대와 지금 Z세대는 다르다. 변화에 맞서는 용기와 자세도 다를 것이다. 솔직히 '라떼'만 해도 '무데뽀' 정신 같은 게 있었지만 지금은 그렇지 않다. 많은 것이 구비되어 있는 이유도 있을 것이다. 그렇다고 변화하지 않을 수는 없다. 그때보다 지금이, 앞으로 훨씬 더 빠른 속도로 변화할 것이고 거기에 적응해야 한다. 학교에서는 그런 인재를 양성해내야 하기에, 변화에 익숙하고 변화할 용기가 있는 사자의 심장을 지닌 이들을 선발하려고 한다. 기꺼이 변화를 선택하는 과정에서 리더십이 발휘되기 때문이다.

《길 위에서 하버드까지》라는 책을 써서 세상에 잔잔한 감동을 전한 리즈 머리의 이야기는 변화에 대한 용기가 얼마나 대단한지 보여준다. 그는 마약중독자인 부모에게서 태어나 자랐다. 워낙 불우했던 형편이라 나라에서 보조가 나왔지만 보조금의 대부분은 부모님의 약값(?)으로 들어갔다. 늘 배가 고팠고 집은 쓰레기장이었다. 누구 한 사람 챙겨주는 이가 없었기에 리즈 머리는 학교에 빠지기 일쑤였다. 결국 중학교에 가서는 친구네 집을 전전하다가 학교까지 그만두었다. 설상가상으로 마약을 하던 남자애에게 빠져 자칫 마약의 세계로 들어갈 수도 있었지만 다행히 그에게서 탈출했다.

'이렇게 살면 안 되겠다.'

무슨 이유에서인지 이렇게 결심한 리즈 머리는 누군가의 조언을 받고 대안학교에 입학해보려고 했지만 아무도 그를 받아주지 않았고, 겨우 예비학교에 입학하면서 인생을 주도해나가기 시작했다. 물론 삶은 녹록지 않았다. 1년 동안 따야 할 학점을 한 학기에 따고 2년 안에 학교를 졸업한 뒤 대학 진학에 필요한 등록금을 마련하려고 동분서주했다. 다행히 에세이 공모전에 입상하면서 〈뉴욕타임즈〉에서 장학금을 받아 하버드에 입학하는 기염을 토했다.

하버드라는 명문에서 그를 받아준 이유는 그의 지난했던 삶을 동정해서가 아니다. 그의 책을 보면 이런 글이 나온다.

"나는 마음속에 계속 떠오르는 한 가지 물음에 자극을 받았다. 내가 정말로 내 삶을 바꿀 수 있을까? 인생이 최악으로 변할 수 있다면 어쩌면 좋은 쪽으로도 변할 수 있는 것이 인생이란 생각이 들었다."

그는 여러 날 여러 해를 자신이 인생에서 무엇을 할 것인지 생각하며 보냈고, 자신이 만일 목표를 위해 헌신하고 하루하루 노력할 때 정말 그 삶을 바꿀 수 있을지 알고 싶어졌다. 순간순간 힘든 상황은 늘 다가왔다. 특히 자신을 가장 시험에 들게 한 순간은 안락함을 선택할 수 있는 순간이었다는 고백이 참 다가온다. 잠을 더 잘 수 있는 친구의 아파트에서 누워 있는 것은 그 어떤 유혹보다 견디기 힘들었다. 그래서 밖에 나갈 필요가 없을 때도 학교를 선택해야 할 이유를 억지로 찾았다고 한다. 늘 유혹에서 빠져나갈 길을 선택하고 또 선택했다.

뉴욕 브롱크스 빈민가에서 불행하게 자란 리즈 머리는 변화에 대한 두려움을 깨고 승리했다. 모든 이가 거부하고 그조차 세상을 거부했을 때도 손에서 놓지 않은 책은 그가 용감하게 변화를 시도하고자 했을 때 든든한 조력자가 되었다. 결국 최악으로 변할 수 있다면 최선으로 변할 수도 있다는 가능성을 품고 과감히 변화를 선택한 리즈 머리의 용기, 그 사자의 심장을 하버드가 선택한 건 아니었을까?

진정한 엘리트는 변화에 대한 두려움을 극복해가는 사람이다. 가지고 있는 안정된 것을 기꺼이 내려놓고 수고스러움을 선택하여 시행착오를 겪고, 편안한 과정을 접어두고 굳이 비포장도로를 경험하는 용감한 심장을 지닌 사람이라고 생각한다.

컨설팅에서도 이런 점을 많이 강조한다. 솔직히 말해 유학을 준비하는 대부분의 학생들은 안정된 환경에 놓여 있는 경우가 많다. 그 점이 변화에 대한 동경심을 줄 수도, 거부감을 줄 수도 있다. 개인의 의지이자 선택일 것이다. 다만, 그간의 데이터를 보면 뭔가 새로운 변화를 주도하고 시도한 학생들이 어드미션에서 훨씬 더 좋은 결과를 냈다. 일부러 환경을 바꾸어 새로운 활동에 도전했다거나, 유리한 고지를 점령하지 못할 게 뻔한 과목을 들으며 자신 없던 세계를 경험해보거나, 작고 사소한 변화를 시도한 모습이 신선한 매력을 전해주었다고 생각한다.

또 변해가는 미래의 상황에도 유연하게 대처해야 한다. 나는 아이들에게 커서 뭐가 되고 싶은지 묻는 게 어색하다. 이 질문을 받으면 대부분 직업을 내놓는데, 사실 답변으로 나오는 직업의 종류는 그리 많지 않다. 사람들이 흔히 아는 직업은 정해져 있다. 남들이 아는 직업이어야만 훌륭한 선택이라는 인식이 질문에 깔려 있기 때문에 좋지 않다고 생각한다. 내 경우가 그렇지 않은가? 나는 칼리지 카운슬러가 되겠다는 꿈을 꾸지 않았다. 왜냐하면 그때는 전혀 알지 못했던 일이고 오히려 교육 쪽에는 매력을 느끼지 못했었다. 그런데 지금은 새로운 분야로 개발되어 잘 살고 있다.

컨설팅을 하다 보면 대부분 원하는 전공은 다섯 손가락 안에 든다. 남들이 유망하다고 하는 전공만 찾는다. 그리고 이미 있는 직업에만 도전한다. 이런 마인드 자체가 틀렸다고 생각한다. 지금은 있던 직업도 사라져가고 있는 시대다. 특정 전공과 특정 직업에 자신의 미래를 맞춰놓고 준비한다는 것은 경쟁력이 없다고 할 수 있다. 그렇게 준비하는 사람이 정말 많기 때문에 일부러 길게 줄 서 있는 곳에 나도 줄을 서는 것과 같은 셈이다.

이러한 생각을 과감하게 바꿀 필요가 있다. 처음부터 무엇을 정해놓고 거기에 맞춰가는 삶을, 빠르게 변화하는 이 세상이 더는 원하지 않는다. 어떤 경험을 했고 무엇을 향해 가고 있는가에 더 집중하는 시대다. 이러한 생각의 변화에 과감히 합류해야 한다. 특히나 전공과 직업의 상관관계를 더욱 유연하게 생각할 필요가 있다. 실제 직업과 전공이 다르다고 해서 걱정하기보다 그 속에서 만들어낼 시너지에 용기 있게 다가서야 한다.

성공하는 사람들을 만나면 그 사람의 커리어 히스토리를 관심 있게 지켜보게 된다. 어떤 교육을 받았는지, 첫 직장은 어디였는지, 어떤 일을 하면서 지금의 일과 연결되었는지 등등 궁금한 부분이 많다. 재미있는 사실은 전공과 직업이 연결되지 않는데도 엉뚱한 연결고리가 있다는 점이다. 오히려 학부 전공과는 다른 직업을 가지고, 또 그 분야에서 커리어를 쌓았던 사람 중에서 더 성공한 사람도 있다. 전공이 실제 직업으로 연결되는 경우가 의외로 적은데도 불구하고 굳이 그 전공을 택하는 이유는 무엇일까?

전공이라는 컨베이어 벨트가 한 방향으로 움직이고 있다. 한 사람이 그중 하나의 발판에 올라서 있다. 앞에는 반대 방향으로 움직이는 컨베이어 벨트가 있고, 우연히 그 사람이 다음 컨베이어 벨트에 올라섰다. 두 컨베이어 벨트는 서로 연관이 없었지만 두 번째 컨베이어 벨트에 올라서면서 이 사람의 직업이 생성된다. 전공과 직업은 상관관계가 없어도 새로운 직업이 생성되기도 한다.

커리어가 개발되는 방향이 의외로 예측 불가인 경우가 많은 것 같다. 전공과 직업이 서로 예측 불가하게 움직였어도 막상 직업이라는 곳에 안착한 사람들 중에서는 또 그것을 잘 받아들이고 운용하는 사람이 많다. 어떤 면에서는 이 조합이 의외일수록 더 희소성을 가지는 경우도 있다. 이렇듯 '전공=직업'인 세상이 아니다. 그렇기에 전공에 대한 그간의 관념을 바꾸고 좀 더 넓은 경험의 세계로 나아가길 권한다.

08

Mentorship
성공으로 이끌 멘토 찾기

나를 성공시키는 사람은 부모도 아니고, 내가 다니는 회사의 회장님도 아니고, 나의 '보스_{Boss}'라는 말이 있다. 전에 어느 책에서 읽은 구절인데, 많은 부분에서 공감한다.

나에게는 인생을 바꾼 멘토가 세 명 있다. 모두 일하면서 나의 Boss로 만나게 되었는데, 그들은 두고두고 기억에 남을 깊은 가르침을 주었다. 첫 멘토는 내가 IMF 사태를 피해 잠깐 아르바이트를 하던 영어 학원의 원장님이셨다.

"선생님으로서 가장 중요한 게 뭐라고 생각하세요?"

내 입에서 갑자기 "인내요"라는 말이 튀어나왔고 원장님도 매우 놀라셨다. 사실 나도 나의 대답에 놀랐다.

"그동안 강의력, 학생과의 소통…이런 이야기를 하는 사람들이 대부분이었는데 이런 대답은 처음이네요?"

계획적으로 대답한 것은 아니었다. 당시 나의 머릿속에는 초등학교 선생님을 하는 언니가 떠올랐다. 아이들을 가르치고 지도한다는 것은 정말 특별한 사명감이 없이는 하기가 힘든 일이라고 여겨졌기 때문에 그런 대답이 나온 듯하다. 내 대답이 마음에 들었는지 바로 채용됐고, 성장하는 학원에서 영어 강사로 신나게 일했다. 처음 가르치게 된 학생들이라 더 소중했고, 어떻게 하면 더 재밌게 영어를 가르칠 수 있을지 밤새 고민하는 시간조차 즐거웠다.

수업을 마치고 강사들과 어울리는 일도 즐거웠다. 얼마쯤 지났을까, 강사들 사이에서 학원에 대한 불만이 조금씩 나오기 시작했다. 대놓고 원장 험담을 하더니 기어이 단체로 사표를 쓰겠다는 이야기까지 나왔다. 그들에게 동조해야 할지 잠시 고민이 되기도 했는데, 내가 보기에는 그렇게 큰 문제가 아니었다. 무엇보다 강사들이 갑자기 다 그만두면 아이들은 어떡하나 싶었기에 소신껏 행동하기로 했다. 속속 선생님들이 그만뒀다는 소식과 함께 원장님이 호출을 했다.

"이 선생님, 지금 강사들 모두 사표를 쓰고 그만뒀습니다. 갑자기 다 수업을 안 하시겠다고 합니다. 선생님도 나가실 건가요?"

"아니요. 저는 그분들처럼 학원의 부당함을 아직은 못 느꼈습니다. 이상한 점이 있다고 판단되면 말씀드리고 나가겠습니다. 단, 바로 나가면 수업에도 당장 문제가 생길 테니 대체할 사람이 구해지면 그때 나가겠습니다."

나의 중립적인 말을 원장님은 무척 고마워했고 자신이 품은 비전을 이야기하기 시작했다. 비즈니스 마인드가 강하다는 것은 알고 있었지만 대화를 나눠보니 생각 이상이었다. 어린 시절부터 성공할 수밖에 없었던 스토리와 노하우를 아낌없이 알려주며 자신을 믿어 달라고 부탁했고, 나도 열심히 일하기로 했다. 실제 원장님은 IMF 상황인데도 공격적으로 투자하며 단시간에 학원을 엄청나게 키웠다. 그러더니 일 욕심 많은 내게 이런 제안을 했다.

"이 선생님, 티칭 기법도 중요하지만 좋은 교재도 필요해요. 학원마다 교재가 있는데, 이 선생님이 한번 만들어보세요."

"네? 저 한 번도 안 해봤는데요."

"이제 시작하면 되겠네요. 한번 해봐요."

학원은 어려운 시기에도 날로 성장해갔고 원장님은 늘 새로운 태스크task를 주었다. 몇 개월 만에 보직을 주는 것도 모자라 교재 만드는 과제까지 맡기니 힘든 가운데서도 도전이 됐다. 아무도 가르쳐주지 않으니 혼자 독학으로 레이아웃 기법, 인쇄, 출판에 관련한 일련의 과정을 공부했다. 당연히 힘들었지만 할수록 아이디어가 솟아났고 관련 기술을 알아가는 재미가 있었다. 그러면서 평생 쓸 일 없을 듯한 컴퓨터의 소소한 기능까지 알게 되었다.

학원에 골칫거리 학생이 있었다. 공부하기도 싫어하고 두 번 세 번 알려줘도 자꾸 까먹고 하는 바람에 선생님들이 그 학생 수업을 기피하기에 이르렀다. 그때 원장님이 하신 말씀이 아직도 기억난다.

"진짜 실력이 있는 선생님이라면 잘하는 학생만 잘 가르치는 것이 아니라 못하는 학생도 잘 이끌어야 합니다."

이 철학은 나중에 내가 교육 분야에서 본격적으로 일하면서 절대 놓지 않았던 부분이다. 그만큼 감동이 컸다. 날마다 학생이 늘어나서 선생님 두 명만 남아 있던 학원에 이전보다 더 많은 강사가 영입되었다. 학원의 창립 멤버와 같은 포지션에서 학원 전반적인 관리를 해나가다 보니 학생 관리까지 업무가 확장되었다. 그런데 모객은 만만한 일이 아니었다.

원장님의 회원 관리는 매우 자연스러웠고 정성스러웠다. 학원을 다녀간 한 사람도 놓치지 않고 기억에 담아두고 있는 듯했다. 실제로 사돈의 팔촌까지 기억하며 관계를 이어가고 있었고 그 인연을 바탕으로 계속 모객이 되고 있었다. 알고 보니 원장님의 책상 속에 그간 상담을 비롯해 가벼운 만남까지도 적어둔 상담 기록 카드가 빼곡히 있었다. 그 노하우를 보며 고객 관리야말로 정성과 노력, 인내가 필요하다는 사실을 알게 되었다. 이는 훗날 우리 회사의 롱텀 컨설팅을 시작하는 데도 영감을 주었다.

미국에 가기 전까지 영어 학원에서 보낸 약 2년간. 정말 후회 없이 신나게 일과 사람을 경험한 시간이었다. 나의 멘토이자 영감을 준 원장님 덕분에 누군가 나를 믿어주면 반드시 성과를 내어 보답해야 하고, 리더가 믿어주면 무조건 성과가 날 수밖에 없다는 것도 알게 되었다.

특히 교육에 있어 회원을 관리하려면 남다른 노하우가 있어야 하며, 그것은 단기간에 이루어지는 것이 아니라 시간을 들여 정성껏 관리해야 한다는 점도 알게 되었다. 무엇보다 어떤 일이 있어도 '교육' 분야에서는 일하지 않겠다던 나의 선입견과 섣부른 다짐을 깰 수 있는 시간이었다.

"훨씬 더 많이 성장할 사람이라서 언젠가는 떠나게 될걸 알고는 있었지만, 그 시간이 너무 빨리 왔네요."

미국행이 결정되어 원장님을 찾아뵈었을 때 화를 내거나 당황하실 줄 알았는데, 매너 좋게 좋은 말씀을 많이 해주셨고 출발에 보태라며 생각지도 않은 금일봉까지 두둑하게 챙겨주셨다. 그렇게 그는 나의 첫 멘토가 되었다.

두 번째 멘토는 미국 교육 회사에 다닐 때 만난 Boss였다. 그때 회사는 합병이나 다른 기관과의 협업 등 일도 많고 사건도 많은 대혼란기였다. 회사의 성장세와 함께 부서 개편, 외부 인사 영입 등이 잦아서 업무 지침이 정말 많이 바뀔 때였다. 이렇게 저렇게 하다 보니 회사에서 내가 업무와 관련해 확인을 받아야 하는 사람이 7명이나 되었다. 문제는 그들의 이해관계가 사뭇 다르고 의견이 매번 서로 엇갈린다는 점이었다. 그래서 매우 난감한 상황에 놓인 적이 많았다.

어느 날 대립관계에 있던 상사들의 갈등이 터졌고 불똥이 나에게까지 튀었다. 그때 Boss가 나서서 중재하면서 모든 책임은 본인이 지겠다며, 밑에서 일하고 있는 직원들에게는 비난을 중지하라고 강력하게 요청했다. 나중에 생각해봐도 그 어려운 갈등 상황에서 문제의 화살을 자신에게 돌리기가 쉽지 않았을 텐데, 정말 대단하다는 생각이 들었다. 직원에 대한 믿음과 지지하려는 의지가 있었기에 가능했을 것이다. 그런 까닭일까, 나중에 일하면서 잘못을 남에게 전가하는 일은 하지 않게 되었다.

세 번째 멘토는 미국에서 만난 번역 회사의 대표님이다. 그분과의 첫 만남은 지금 생각하면 조금 조촐한 느낌이다. 조카들을 관리해주러 따라간 미국에서 어느 정도 생활 문제를 해결하고자 두 줄짜리 구인광고를 보고 찾아간 작은 사무실에서 처음 만났다. 원래 일을 할 수 없는 유학생 신분이었기에 정식 직원도 아닌 파트타임으로 채용되었고 사무실에서 사장님과 단둘이 근무했다.

"이 중에 혹시 할 줄 아는 거 있어요?"

처음 출근한 날 사장님이 내민 종이 한 장에는 번역 회사에서 주로 하는 일처럼 보이는 체크리스트가 있었다. 그때만 해도 생소했던 윈도, XP, 소프트웨어, 매킨토시, 트라도스 등등 생전 처음 보는 단어가 줄줄 있었고 그중에 아는 것은 단 하나도 없었다. 그동안 뭐 했나 싶은 자괴감이 밀려왔다. 대학을 졸업했다고 해서 현장에서 실무를 할 수 있도록 준비되는 건 아니라는 현실을 그때 깨달았던 것 같다.

할 수 있는 일이 없었기에 아주 간단한 사무보조 일부터 시작했다. 시간당 6~7달러였다. 대학 시절 '알바의 여왕'이었을 때 나름 세워둔 원칙이 있었다. 처음 하는 일이라도 딱 3일만 온 힘을 다해 배우고 모르겠으면 빨리 그만두는 것이었다. 번역 회사 일이 그랬다. 3일간 업무를 파악하려고 시키지도 않은 야근까지 해가며 학습했는데도 도저히 알 수가 없었다.

일주일 정도 되었을 때, 기술적인 스킬이 부족해서 여기까지밖에 안 되는구나 싶어 포기하려고 하는데 한 외주 인력이 사무실로 찾아왔다. 전에 일하던 직원이었다는데 그와 함께 식사를 하게 되었다. 현재 내가 겪고 있는 상황, 일을 잘하고 싶은데 아는 게 없으니 도울 수 없어서 속상하다는 이야기를 했다. 그는 내 말을 듣더니 사무실로 데려가 몇 시간 동안 차근차근 프로그램들의 상관관계와 활용법 등을 자세히 설명해주었다.

"아, 이게 번역 툴이군요. 아, 이게 이런 원리로 작동하는군요."

그에게서 설명을 듣고 나자 눈이 번쩍 뜨였다. 그때부터 업무가 달라졌다. 물론 한 번에 모두 이해한 건 아니지만 적어도 모르는 문제에 부딪혔을 때 스스로 답을 찾을 수는 있게 되었다. 시키지 않아도 프로그램을 돌리며 번역 툴과 각종 프로그램을 배워 적용했고, 차츰 할 수 있는 업무의 영역이 넓어졌다.

어려서부터 너무 큰 조직에 매력을 느끼지 못했던 터라 일당백을 해야 하는 작은 회사에서 나의 능력은 빛을 발했다. 나의 포지션은 매일 바뀌다시피 했고 새로운 업무는 계속 추가되었다. 작은 회사이니 역할이 넓어지는 것은 당연했지만 이 회사는 새로운 역할과 함께 유독 배워야 하는 것도 많았다.

"아이린, 오늘은 직원 면접 좀 보세요."

"이번엔 번역 프로젝트 디렉터를 맡아야 할 것 같은데?"

"아이린, 회계 업무 좀 배워야겠어요. 회사를 제대로 알려면 회계가 중요해."

숫자를 유독 싫어했던 나였지만 책임을 지는 입장이다 보니 회계를 배울 수밖에 없었다. 솔직히 거의 매일 울면서 배웠다. 신기한 것은 몇 달 동안 스트레스를 왕창 받으면서 배우고 나니 언제부턴가 회계 보고서가 읽히기 시작했다. 현금 흐름이 한눈에 들어왔고 그제야 돈이 보이기 시작했다. 그 흐름을 보면서 여러 회사 재정에 대한 분석점을 잡아

낼 수 있었는데, 대표님은 그 부분을 매우 만족해하셨다. 결국 업무는 회계까지 확장되었고 나중엔 회사 대표의 역할까지 맡았다.

"사장님 사인이 얼마나 중요한데 그 일을 저한테 맡기세요?"

"나는 아이린을 100% 믿어. 아이린이 운영 좀 잘해봐."

미국에서 수표에 사인을 한다는 것은 정말 모든 것을 믿는다는 의미다. 회사의 모든 권한 가운데 가장 중요한 그 일까지 내게 맡겼다. 회사는 날로 성장했고, 나도 같이 성장했다. 그러던 중 정말 어렵게 교육 대학원에 진학하고 싶다는 말을 꺼냈을 때도 흔쾌히 오케이 해주었다. 바쁜 회사였지만 직원의 성장을 응원해준 대표님이 얼마나 고마웠는지 모른다.

이 번역 회사에서 일한 3년 반 정도의 기간은 미국에서의 나를 가장 값지게 성장시킨 시간이었다고 확신한다. 아무것도 못 하는 단순 업무자에서 회사의 모든 일을 총괄할 정도로 멀티플레이어가 되었고, 경영과 회계, 인력 관리 등 회사의 전반적인 업무를 경험하게 해주었기 때문이다. 무엇보다 아무것도 없는, 아무것도 아닌 나를 100% 믿어준 고마운 멘토를 만나 앞으로 내가 그렇게 살아가야 한다는 것을 피부로 느낀 소중한 시간이었다.

교육 대학원을 졸업하고 나의 커리어를 좀 더 교육 쪽에 초점을 맞춰 발전시키고 싶다는 생각에 어쩔 수 없이 번역 회사 업무를 그만두어야 했다. 아쉬워하는 회사와 동료들을 뒤로하고 내 짐을 챙겨서 가려고 할 때 우연히 책상 서랍 깊숙이 꼬깃꼬깃 접혀 있던 종이 한 장을 발견했다. 회사 입사 첫날 받았던 체크리스트였다.

놀랍게도 나는 그 체크리스트 속의 용어와 스킬을 다 배운 상태였다. 그냥 회사 일만 했다고 생각했는데 정말 많은 것을 배웠다는 사실을 알게 되었다. 그때 갑자기 울컥하면서 나에게 주어진 이 기회가 정말 감사하다는 생각을 했다.

훗날 나는 생각지도 못하게 회사를 경영하고 대표 자리에 오르게 되었다. 이 회사에서 배운 많은 경험과 스킬이 아니었다면 수많은 위기 상황에서 현명하게 판단하지 못했을지도 모른다.

나에게 영감을 준 세 멘토에게는 공통점이 있다. 바로 어떠한 상황에서도 나를 믿어주었다는 사실이다. 나 역시 회사를 운영하는 자리에 있다 보니 사람의 잠재력을 알아보고 믿어주는 일이 얼마나 어려운지 알게 되었다. 믿어만 주기에는 상황이나 판단이 더 빨라야 하는 경우가 많고, 기회를 주는 것보다 평가하고 채찍질하는 편이 더 편하다. 그런 면에서 볼 때 나의 멘토 세 분은 진정 이 시대에 필요한 엘리트라는 생각이 든다.

누군가에게 영감을 준다는 것은, 그가 지닌 화려한 스펙에 있지 않다. 다만 상대방으로 하여금 자신감을 얻게 하고, 때로는 용기를 낼 수 있는 자극을 주며, 어떠한 상황에서도 노력하여 결과물을 만들어내도록 이끌어주는 동력에 있다. 아마 그들 역시 누군가에게 그러한 동력을 선물받지 않았을까 싶다.

천재보다는 그가 천재임을 알아보는 사람들이 주변에 있어야 성공할 확률이 높다. 나의 멘토들이 나를 좀 더 괜찮은 사람으로 발전하도록 만든 것처럼 우리 아이들에게도 멘토가 필요하다. 멘토가 가장 필요한 시점은 청소년기와 20대 초반인 것 같다. 체격은 성인 같은데 내면은 아직 아이들이고, 자아 형성이 되어가는 시기여서 남의 말을 맹목적으로 신뢰하기도 하고, 반대로 반항심이 극에 달해서 대화가 어려울 정도로 극단적이다. 인생으로 보면 딱 회전교차로 한가운데 서 있는 것 같다. 이럴 때 주변에 좋은 멘토들이 있다면 인생이 더욱 꽃필 수 있다.

상급학교 진학, 특히 대학 입시를 앞둔 자녀의 부모라면 자녀의 선생님이 되려고 하기보다 좋은 가이드, 좋은 멘토와 긴 시간을 두고 만나게 해주는 것이 좋다고 본다. 어른 세계에서 멘토의 필요성은 참 많이 대두되는데 정작 아이들 세계에서는 현실적으로 어렵다. 마음을 터놓고 이야기하며 미래를 의논할 수 있는 상대가 거의 없다. 안타깝게도 칼리지 카운슬러와 같은 전문인과 멘토는 본질적으로 좀 다르다.

어드미션 컨설팅을 시작할 때 멘토가 되어주겠다는 순수한 목적으로 시작할 수 있었다. 그 어느 때보다 곁에서 가이드를 해줄 좋은 멘토가 되어보겠다는 의지가 있었다. 어느 정도 성과가 있었는지는 모르겠지만, 다행히 멘토로서 학생들에게 인정받고 있는 것 같아 감사하다. 실제로 컨설팅을 받는 학생들의 경우, 부모님께도 말하지 못한 고민을 우리에게 털어놓고, 앞날과 학교생활에 대한 조언을 구하고 있다.

100% 모두 그렇다고 말할 수는 없지만 그래도 대부분의 학생이 카운슬러와 소통하려고 애쓰며 더 나은 방향으로 가고 있다. 이런 변화를 가장 기뻐하는 분들은 부모님이다. 입시는 차치하고 자녀와의 소통 부재로 힘들어하던 분들이 컨설팅을 하면서 또 다른 소통 공간이 마련되니 자녀와 부모 모두 숨통이 트이는 것이다. 확신하건대 이러한 부분이

컨설팅이 가져오는 매우 유익한 점이라고 생각한다.

단, 좋은 멘토는 좋은 가이드여야 한다. 여기에서 '좋다'는 기준은 물리적인 부분에서 볼 때 그 아이에게 필요한 정보와 데이터를 줄 수 있어야 한다는 것이다. 겪지 않아도 될 시행착오를 줄여줄 수 있도록 올바른 가이드를 해주되 스스로 선택하고 결정하게 해주는 준비된 멘토여야 한다. 다양한 옵션을 제공할 데이터가 있어야 선택의 폭을 넓힐 수 있다.

또 다른 기준으로 보자면 정서적으로 좋은 영향을 끼칠 수 있어야 한다. 날것 그대로의 성적표를 들고 찾아와 유학을 도와 달라는 학생의 마음을 알아주고, 편향된 시선이 아닌 내면의 소리에 귀 기울여줄 수 있는 마음을 지닌 멘토여야 할 것이다.

09

Negotiation

불평이 아닌
협상하는 법을 배우라

협상의 중요성을 깨닫게 된 소소한 계기가 있다. 미국에 간 지 얼마 안 되어 겪은 일이다. 어느 날 아파트 우편함에서 편지를 빼고 있었는데 파란 눈에 일곱 살 정도 되어 보이는 똘똘이 안경을 낀 백인 남자아이가 나에게 다가와서 모기만 한 목소리로 뭐라 말을 걸었다. 가만히 들어보니 나비를 사라는 것 같았다. 내려다보니 수수깡으로 엉성하게 만든 조그만 집에 나비가 몇 마리 들어 있었고 그중에 한 마리를 1달러에 사라고 하는 것이었다.

정말 예쁜 나비였다. '미국 꼬마들은 이런 것을 팔면서 노나?' 싶은 마음에 흔쾌히 한 마리를 사겠다고 말하고 1달러를 주었다. 그런데 막상 나비를 건네받으려고 하자 손이 애매해졌다. 저 나비를 우리 집 어디에 가져다놓을지도 막막했다. 잠시 고민하다 보니 그 꼬마의 엉성한 수수깡 집이 보였고 나는 그 집까지 같이 사야겠다고 생각했다. 수수깡 집은 얼마냐고 물었는데 돌아온 대답이 놀라웠다.

"A thousand dollars."

깜짝 놀라서 왜 이렇게 비싸냐고 물어보니 그다음 대답이 더 놀라웠다. 어차피 나한테 그 집이 필요하지 않느냐는 것이었다. 나는 순간 멍해져서 다음 대답을 하지 못했다. 아까는 수줍은 듯했던 그 꼬마가 이번에는 아주 당당한 얼굴로 나의 결정을 기다리고 있었다.

그때 아파트 매니저였던 그 아이의 엄마가 어딘가에서 나타나서는 나에게 미안하다고 사과하고는 나비는 살 필요가 없다고 말했다. 아이의 용돈을 끊었더니 자꾸 집 안의 뭔가를 팔려고 한다는 것이었다. 그 순간에도 나는 큰 충격에서 헤어나지 못해 별말을 못 했던 기억이 난다.

아이는 엄마 손에 끌려가면서도 나에게 결정하라는 듯이 레이저 눈빛을 보냈다. 전혀 물러섬이 없었다. 문화적인 차이라고 하기에는 설명하기 어려운 그때의 순간이 한참 시간이 지난 지금까지도 또렷이 기억난다. 그 사건은 무언가 협상을 할 줄 모르는 전형적이고 평범한 아시안 젊은이의 삶을 살던 내게 큰 충격을 안겨줬다.

이 사건은 나에게 많은 생각을 하게 했다. 어떻게 그 어린아이가 나에게 다른 대안이 없다는 것을 알았을까? 돈의 액수를 떠나서 어린아이에게 그런 배짱 좋은 협상력이 있다는 사실이 매우 놀라웠다. 당시 나에게는 정말 BATNA(Best Alternative To a Negotiated Agreement, 협상이 실패하는 경우 당사자가 선택할 수 있는 최선의 대안. 하버드대학교 Fisher & Ury 교수가 창안한 개념)가 없었다! 1달러를 내고 산 나비는 그 수수깡 집이 없으면 어차피 다시 날려줘야 할 판이었다.

그즈음 나는 번역 회사를 다니며 시간당 1달러라도 더 받으려고 연봉 협상을 했지만 사실 협상이라기보다는 일방적으로 깨지는 결과였기에 자신에 대해 자책하고 있었다. 그도 그럴 것이 모든 것이 수동적인 한국 문화에 익숙했던 나는 협상에 문외한이었다. 서로 상의하고 타협하는 일에 익숙지 않은 탓에 준비 없이 들어갔으니 원하는 금액을 얻어내지 못했다.

그런 내게 그 소년은 큰 자극을 주었다. 협상을 하려면 상대방이 거절하지 못할 키를 쥐고 있어야 한다는 사실을 말이다. 무조건 이기는 것만 좋은 협상은 아니다. 지지 않는 것, 밀리지 않는 것, 손해 보지 않는 것만 좋은 협상이라고 생각하면 늘 전쟁에 가까운 상황과 마주해야한다. 그때 나에게 한 가지 기억이 떠올랐다. 정직하고 진정성 있는 소통, 그것이 얼마나 중요한지에 관한 것이었다.

많은 사람, 특히 아직도 로맨틱한 것을 좋아하는 미국 사람들은 'Handwritten letter'에 약하고 'personal'한 디테일에 약하다는 내용을 책에서 읽은 적이 있다. 이 논리가 정말 실생활에도 적용되는지 알아보려고 이런저런 실험을 해봤었다.

예를 들면, 보증금 1,200달러를 걸고 살게 되었던 미국의 한 아파트에서 이사를 나갈 때 어떤 사람도 1,200달러를 다 돌려받지 못한다(파손이나 기타 이유를 들어)는 악명 높은 곳이 있었다. 그런데 내가 이사를 나갈 때는 전액을 돌려받았다. 나는 그 이유가 아파트 매니저한테 한 달 전에 보낸 손편지 때문이라고 생각했다.

이사를 나가기 한 달 전에 매니저의 우편함에 편지를 넣었다. '이러이러한 사정으로 이사를 나가게 되었는데 그동안 당신과 당신의 가족들에게 매우 감사하고, 특히 당신의 막내딸이 성장하는 과정을 옆에서 보게 되어 즐거웠다. 좋은 기억을 가지고 더 좋은 일을 찾아서 떠나게 되었다'는 내용이 담긴 감사 편지였다. 그 편지 때문인지, 아니면 내가 정말 아파트를 완벽하게 깨끗하게 이용해서인지는 모르겠지만 어쨌거나 나는 따뜻한 감사 문장과 함께 느낌표가 엄청 많이 찍힌 손메모를 수표와 같이 받았다. 그래서 나는 손편지 때문이라고 믿고 있다.

또 환불 처리가 매우 까다롭다고 소문난 온라인 몰에 세 번이나 환불 요청을 했었다. 환불 처리가 제대로 진행되지 않을 때 나의 개인적인 상황을 간단히 설명한 편지를 같이 보내자 금방 환불 처리가 되었다. 세련된 커뮤니케이션 기술은 협상 테이블에서 언제나 긍정적인 효과를 가져온다.

정직한 소통 역시 좋은 협상 기술이 될 수 있다. 일곱 살 어린 나이에 돼지 저금통을 뜯어 그 돈으로 몰래 핫도그를 사 먹었다가 어머니가 불같이 화를 내신 적이 있다. 어린 나이였지만 옳지 않은 행동을 했을 때 느꼈던 그 당시 마음의 불편함은 평생 각인이 될 정도로 남았다. 이 사건은 성장하면서 인격에 적지 않은 영향을 미쳤고, 판단이 필요한 중요한 순간마다 기준이 되어주었다.

과대광고나 실적을 부풀리는 일, 남의 것을 대신 써주는 일, 투명하지 않은 재정에는 아예 눈길도 주지 않았다. 빚을 내서 사업하는 일은 체질에 맞지 않아 무리하지 않는 범위에서 사업을 운영했고, 컨설팅을 받는 고객에게도 정해진 비용 외에 부가적인 비용은 요구하지도 않았으며, 설령 발생하더라도 청구하지 않았다. 그 덕분인지 교육 컨설팅 전문업체로 거의 최고를 달리면서도 재정적인 면에서 트러블을 일으킨 적이 없다. 회사가 투명하고 신뢰도 있는 이미지로 자리 잡아 여기저기에서 사업 제안이 들어오는 것도 그러한 이유 때문일 것이다.

이러한 가치관은 학생들 컨설팅에도 고스란히 반영되고 있다. 정직과 신뢰가 최선의 경쟁력이란 믿음이 있기에 컨설팅을 할 때도 그 점을 강조했다. 아무래도 어드미션 컨설팅은 자신을 PR해야 하기에, 간혹 무에서 유를 창조하는 기적(?)을 바라는 분들도 있다.

증명서를 요구하지 않는 미국 대학 입시의 특성상 완전히 모든 것을 거짓으로 제출하는 심각한 경우도 많이 보았다. 그렇게 비양심적으로 작성한 원서로 대학을 합격했다고 한들, 평생 따라다닐 불편함을 어찌할 것인지 알 수가 없다. 결과에 눈이 멀어 하지 않은 일을 했다고 하는 것이 잠깐 눈가림은 될 수 있지만 거짓은 언젠가는 드러나게 된다. 지금도 우리 주변에서 숱한 사례를 보고 있지 않은가.

최고의 전략은 정직하고 진정성 있는 소통이다. 그것을 학생들에게도 계속 설명하면서 컨설팅을 하다 보니, 우리와 함께하는 학생들은 고맙게도 이런 회사의 정책과 판단을 지지해준다. 원서 하나하나가 학생들에게는 기회가 되기에 그 칸 하나하나를 꼼꼼히 신경 써서 채우고 오랜 시간 정성을 들여 채웠다는 정직한 노력이 보이도록 컨설팅을 하는 것이다.

그렇게 하는데도 미진한 부분이 눈에 띄면 정직함과 진정성으로 승부를 본다. 맨투맨으로 접근해 해결책을 찾는 것이다. 이것은 미국에 있을 때 터득한 미국 문화였고, 실제로 미국의 학교는 원칙에 따라 움직이지만 case by case로 움직이는 경우도 있다. 어느 정도 예외가 인정된다는 의미다.

명문 대학이나 보딩스쿨 어드미션 시에 Defer(합격 보류)나 Waiting(합격 대기)으로 결과가 나오는 경우도 많다. 최상위권 입시에서는 학생이 문제가 있어서 떨어지는 경우는 거의 없다. 어차피 각각의 역량이 대체로 훌륭하기 때문이다. 하지만 이런 안타까운 결과가 나왔을 때는 다시 최선을 다해 보여주어야 한다. 이런 과정에서 컨설팅의 역할이 필요하기에 함께 모여 대책을 의논한다.

보류가 된 상황에서도 최상의 전략은 정직이다. 정직하게 소통하고 진정성을 다해 추가적으로 보여줄 수 있는 부분을 상의해서 보내야 한다. 그렇게 했을 때 학교 측에서 최종 합격을 받는 기쁨이란, 마치 심폐소생술로 생명이 살아난 듯한 기분이 든다.

일반적인 입학 실적도 최고였지만 입시의 연장전을 치르는 디퍼나 웨이팅 액션 또한 최고였다. 이와 같은 힘든 상황에서도 우리는 최대한 기회를 활용하여 엄청난 결과를 냈다. 여러 번 입시를 준비하면서 미국의 어드미션 시스템이 매우 과학적이라는 확신이 들었기에, 분명히 준비된 사람은 붙을 것이고 정직하게 보여주면 기회는 온다는 믿음이 있었다. 어드미션 원리를 알았기에 가능했고, 결과적으로 그것은 여전히 주효하다.

어드미션뿐만 아니라 유학을 간 학생들의 학교생활도 계속 관리하기 때문에 그 부분도 마찬가지다. 보딩스쿨로 유학을 가게 된 학생들의 경우, 간혹 적응하는 과정에서 문제가 발생하기도 한다. 특히 부정행위 cheating 사건에 연루되거나 더 나아가 학교 폭력에 연관되었을 때는 매우 심각한 상황까지 갈 수 있다. 아직 어린 친구들인 데다 미국 문화와 언어 등에 익숙하지 않아 곤란한 경우가 생긴다.

어느 날 컨설팅을 통해 보딩스쿨에 진학한 학생의 부모님에게서 긴급한 연락이 왔다. 아이가 치팅 사건에 연루되어 학교에서 연락이 왔다는 것이다. 한국에서도 커닝은 부정행위로 엄격하게 다루지만 미국 학교의 경우 더욱 심각하게 다룬다. 그리고 자의 반 타의 반으로 부정행위에 연루되는 경우는 놀랍게도 상당히 흔하다. 소리 소문 없이 다니던 학교에서 징계를 받거나 퇴출되는 사례도 의외로 빈번하다.

얘기를 들어보니 한국 학생 몇 명이 부정행위를 하다가 걸린 모양인데, 우리 학생에게는 직접적인 잘못은 없었지만 겁이 나서 매우 당황한 상황이었다. 그길로 학생과 긴급하게 연락을 취했다. 잔뜩 겁을 먹은 아이에게 사건의 전말을 듣고 대책회의에 들어갔다.

나는 어떤 상황에서든 잘못을 정직하게 인정하고 용서를 구하자는 입장을 취했지만, 사건에 가담한 다른 학생들은 생각이 달랐다. 그들 역시 다른 기관에서 컨설팅을 받고 있었고 조언을 받았는데, 그들에게 내려진 조언은 '딱 잡아떼라'는 것이었다.

"선생님, 걔네가 저한테도 이야기를 맞추자고 하는데 어떡해요?"

"절대, 절대 안 됩니다. 선생님한테 숨기는 거 하나도 없지?"

"네, 다 말씀드렸어요."

"오케이, 그럼 팩트 그대로 이야기하고 정직하게 소통하자. 그게 답

이야."

마침내 학교와 사건에 대해 이야기를 나누는 시간이 되었다. 우리 쪽에서 학교에 보낸 정성스러운 편지를 토대로 이야기를 나누며 우리 학생은 어쨌거나 오해를 불러일으킨 부분에 대해 잘못을 인정했고 용서를 구했다. 반면 다른 친구들은 사건을 딱 잡아뗐고 계속 추궁당하자 울며 읍소했지만 학교 측에서 징계를 받았다.

치팅 사건을 겪으면서 우리 학생도, 학부모도, 카운슬러도 모두 알 수 있었다. 정직만큼 최고의 전략도 없다는 것을. 처음에는 조금 미련해 보일지언정 결국 진심은 통한다는 것을. 누군가 말했다. 최고의 사교는 정직이라고. 아무리 시대가 변하고 뭔가 세련된 것이 난무해도 정직은 최고의 인재로 만드는 변치 않는 전략이자 전술이며 최고의 협상력이다.

0.1% 인재가 되기 위해 갖춰야 할 스펙으로 협상력을 꼽은 것도 이런 이유에서다. 협상은 사람 사이에서 일어나는 상호작용이며, 삶의 모든 과정이 거의 협상으로 이루어진다. 몸의 기관이 서로 소통하며 반응하고, 말이나 몸짓으로 끊임없이 협상을 시도한다. 밥을 먹을 때도, 운동을 할 때도, 사람들과 만나 일을 할 때도, 혼자 있을 때도 무언가와 협상하며 생활하고 있다. 따라서 협상력을 갖추고 있다는 것은 그만큼 원활하게 일상을 해내고 있다는 것을 말해준다. 어찌 보면 당연하지만, 이것을 잘해내는 능력 또한 중요하다.

협상이란 어떤 목적에 부합하는 결정을 내리기 위해 여럿이 의논하는 것을 의미한다. 원하는 것을 얻으려고 의논하는 과정은 결코 쉽지 않다. 자신이 원하는 것을 상대방이 원하지 않을 수도 있고, 같은 목적을 두고 동상이몽일 수도 있다. 그런 까닭에 협상력은 더욱 중요한 역량으로 떠오르고 있다.

국내의 한 CEO가 말하기를 협상력은 그동안 쌓은 마일리지의 결과라고 했다. 사람은 좋은 사람에게 끌리기 마련이기에 결국 좋은 사람이 협상도 잘한다는 취지로 발언한 것이다. 결국 협상력이 있다는 것은 의사소통 능력이 뛰어난 좋은 사람일 확률이 높다는 의미다. 그런 까닭에 학교에서 인재를 선발할 때도 이 점을 주목할 수밖에 없다.

협상력을 키우려면 의사소통 능력이 있어야 한다. 의사소통은 말 그대로 사람과 사람 사이에서 일어나는 소통이 제대로 되어야 함을 의미한다. 즉 사람과 관계를 잘 맺어야 하는 것이다. 이는 하루아침에 되는 일이 아니다. 가정과 학교라는 작은 사회에서 그 과정을 충분히 경험하고 훈련해야 한다.

학교에 있을 때나 컨설팅을 하다 보면 간혹 혼자만의 섬에 갇혀 사는 친구들을 볼 수 있다. 정량적으로 평가할 때 문제가 없어 보여도 자세히 보면 전혀 팀워크를 발휘하지 못한다. 워낙 혼자 하는 것에 익숙한 이유도 있을 것이고 훈련받지 못해서일 수도 있다. 안타깝지만 그들은 협상력이 떨어진다.

함께 모여 일을 이뤄가는 과정은 사회화에서 매우 중요한 부분이다. 관계로 맺어지는 사회에서 의사소통이 빠지면 더는 관계가 지속되지 못한다. 혼자서 할 수 있는 일은 없다. 그러므로 함께하는 문화에 더욱 적극적으로 참여하면서 소통하는 능력을 키워야 한다.

감정을 공감하여 말하되, 협상에는 목표와 방향이 있기에 그 목표와 방향에 맞게 훈련해야 한다. 언제나 상대방의 의견은 다를 수 있기에 그 차이를 인정하고 숨겨진 걸림돌을 찾아 그것을 제거하려는 노력을 해야 한다. 제각각의 상황에 유연하게 대응하는 마음가짐을 지녀야한다. 이 모든 요건이 뛰어난 협상가를 만든다.

10

Manner

매너가 기회를 만든다

한국을 아주 오래 떠나 있었던 것은 아니다. 8년 만에 돌아왔을 때 초기에 적응하기 어려웠던 부분이 있었다. 한국인들 특유의 대화법 때문이었다. 무엇인가 불만이 생겼거나 자신의 의견을 관철시키고 싶을 때 언성을 높이고, 말을 끝까지 기다리지 않고 자르는 경우가 많았다. 매너 없이 구는 상황도 많았다. 한국에서는 목소리 큰 사람이 이긴다고 했던가.

어른들만 그런 게 아니었다. 아이들도 무엇인가 불만일 때 표정에 감정이 다 드러났다. 저런 방식이 아니면 부정적인 의견을 말하지 못하나 싶은 생각이 들 정도였다. 그동안 내가 미국에서 얼마나 매너 좋은 사람들과 지내면서 일해왔는지 새삼 느꼈고, 내가 한국인임을 잊은 듯 그 경험이 익숙해지는 데 시간이 좀 걸렸다.

"Manners Maketh Man."

영화 〈킹스맨〉에 나오는 유명한 대사다. 영화를 보면서 전 세계인이 이 대사를 읊었고 유행이 되었는데, 미국과 영국 문화를 그대로 녹여낸 문화적 공감 덕분일 것이다. 실제로 매너는 사람과 사람이 만나는 세상에서 매우 중요하다. 전 세계가 하나로 연결되어 살아가고 있고, 살아가야 할 시대에서 매너는 또 하나의 의사소통 경쟁력이기에 글로벌 인재라면 반드시 갖춰야 한다.

미국 플러튼에 있는 학원에서 브랜치 매니저로 일할 때였다. 그 학원은 주로 유학생이나 이민 2세대 자녀들이 다니는 학원이었고 백인이 주 강사로 있었다. 아무래도 미국 내 인종차별주의가 있다 보니 학원 내에서도 강사와 관리자, 강사와 학생 간에 갈등이 있곤 했다. 어느 날 한 강사가 수업 시간에 우리 학생들을 향해 '옐로 몽키'라고 발언해 학생들에게 컴플레인을 받았다.

플러튼은 한국으로 치면 거의 대치동 수준의 교육 일번지였고 우리 학원이 꽤 알아주는 곳이었는데도 알게 모르게 인종차별이 있었다. 직접 당사자인 선생님과 이야기해보았지만 그런 적 없다며 딱 잡아떼는 모습에 무언가 적절한 조치가 필요하다는 생각이 들었다. 똑똑한 백인들이었지만 강의력이나 수업 준비 부분에서 한국의 강력한(?) 학원 시스템과 비교하면 뒤떨어지는 부분이 많았다. 이런 부분도 개선시켜야 했다.

브랜치 매니저로서 수업에 대한 불만을 지혜롭게 해결할 방법이 필요했다. 사안이 무엇이건 그들만의 방식으로 소통하는 게 먼저라는 생각이 들었다. 최대한 매너를 갖추고 소통하자는 마음에, 상명하달식이 아니라 부드럽게 요청하기로 했다. 우리 학원에는 각 강사마다 편지함이 있었다. 수업 자료를 넣어놓기도 하고 수업에 관한 요청사항이나 학생들이 원하는 부분이나 체크해야 할 부분을 적어서 넣어놓기도 했다.

말로만 하기보다는 기록으로 남겨야 하는 부분도 있어, 그 편지함 속에 선생님별로 들어오는 불만 내용을 적어서 넣고 사인을 받기로 했다. 그런데 어느 날 일부 선생님들이 불만이 적혀 있는 노트를 잃어버렸다고 하는 것이 아닌가. 앞에서는 웃으며 의견을 받아들이는 듯했으나 그 의견에 대한 피드백은 하지 않았다.

다시 방법을 생각하던 중 전략을 바꾸기로 했다. 우선 수업에 대해 긍정적인 멘트가 나올 때마다 열심히 노트에 적고 읽은 후 사인하게 했다. 5번 정도 긍정적인 내용이 들어가면 한 번 정도 수업에 대한 불만사항이 나올 때 온화한 말투로 끼워서 넣었다. 읽은 후 반드시 사인을 하도록 했고 피드백이 올 때마다 감사의 마음을 전했다.

그러자 차차 강사들 사이에서 평가 문화가 자리 잡기 시작했고 당연히 불만사항에 대해서도 즉각적인 대처가 이루어졌다. 강사들이 사인한 자료는 나중에 고용과 해고에 근거자료가 되었음은 두말할 필요도 없다.

미국 문화를 경험하면서 커뮤니케이션에서 매너가 얼마나 중요한지를 알았다. 이것은 곧 글로벌 인재 컨설팅을 하는 우리에게 그들의 문화를 아는 게 관건이라는 의미도 된다. 그들의 입장에서 생각하고 계속 그들의 문화를 알아가려고 노력해야 한다. 그래서 끊임없이 학교 관계자들과 소통하고 외국 문화를 경험하는 이들과 만날 수밖에 없다.

아이들도 마찬가지다. 매너가 중요하다는 것은 인지하면서도 매너 있는 태도를 알려고 하지 않는다. 배워야 하는데도 배울 만한 데가 없다. 이는 어드미션 세계에서도 발현되는데, 간혹 어드미션을 위해 추천서를 받는 과정에서 매너를 상실한 채 접근하는 경우가 있다. 명문 학교일수록 추천서가 매우 중요한데, 많은 학생이 추천서가 당연히 잘 나올 것이라고 생각한다. 예의를 갖춰 담당 선생님과 만나지 않는 경우도 있다. 그런데 이는 잘못된 생각이다.

추천서에는 아이의 잘한 점 9가지를 쓰고 아쉬웠던 점 한 가지를 쓸 수도 있다. 일반적으로 생각할 때 추천서라면 무조건 좋은 말만 써줄 것 같지만 카운슬러의 이름과 커리어를 걸고 쓰는 일이기에 꼭 그렇지만은 않다. 실제로 매너 없는 태도로 추천서를 의뢰하여 좋은 결과를 얻지 못한 사례도 많다. 그렇기에 대학에 자신의 능력을 증명하는 데 열중하는 것과 함께 매너 있는 태도로 학교 선생님들과 소통하는 지혜도 필요하다.

인재들의 전쟁이라고 해도 무방한 해외 어드미션 세계에서 '매너가 기회를 만든다'는 말을 더욱 강조하고 싶다. 워낙 미국을 비롯한 유럽 문화에서 매너를 중요하게 생각하기 때문에 교육 분야에도 이러한 풍토가 더욱 반영된다. 미국 생활에서 경험한 바로도 그렇다.

어드미션의 세계는 사람에게 기회를 주는 일이다. 그 기회를 얻어야 하는데, 그러려면 조건을 갖추는 것은 기본이고 매너는 플러스알파다. 이는 실제로 어드미션 컨설팅을 하는 과정에서 철저히 적용되는 부분이다. 상위권 학생들의 그 촘촘한 세계에서 약간의 차이가 성패를 좌우한다. 매너는 그 미묘한 간극을 만드는 키워드가 될 수 있다.

삶은 협상의 연속이며, 좋은 매너는 그 협상을 유리하게 이끌어주는 동력이 된다. 설령 포기해야 하는 순간이 올지라도 매너 있는 태도로 임할 때 깊은 인상을 주며 또 다른 기회로 이어질 수도 있다. 이것이 매너가 주는 힘이다.

11

A Strong Desire

담대한 소망

한 목사님이 설교 시간에 '소망'이라는 그림을 보여주었다. 그림 속 여인은 붕대로 눈을 가린 채 지구본 위에서 한 줄밖에 남지 않은 수금을 연주하고 있다. 고개를 푹 숙인 여인은 상황이 좋지 않은데도 연주를 하려고 귀를 기울이고 있다.

"여러분, 이 작품은 조지 프레드릭 와츠라는 화가의 '소망'입니다. 이 여인은 누가 봐도 피곤하고 힘든 모습입니다. 옷도 해지고 앞도 보이지 않는 절망적인 상황이지만 그런데도 수금을 타고 있지요. 이 여인이 처한 상황이 우리가 처한 상황과도 같습니다. 세상은 늘 기근과 절망, 아픔, 보이지 않는 불확실성 속에 있지만 이 여인처럼 담대히 소망을 품어야 할 것입니다."

이때 설교를 듣고 있던 성도 가운데 한 청년의 가슴이 뜨거워졌다. 하버드 법대를 다니던 대학원생이었던 그는 이 설교에 감동을 받고 담대한 소망을 품기 시작했다. 훗날 2008년 민주당 대통령 후보가 되어 전당대회 연설자로 나설 때 자신이 영감을 받은 설교를 인용하며 이렇게 말했다.

"그림 한 점에서, 누구에게나 소망의 줄이 끊어질 때가 많다는 사실을 깨달았습니다. 또 저의 정치적 역할은 모든 국민에게 희망을 주는 데 있다는 것을 배웠습니다."

마침내 그는 미국 최초로 흑인 대통령이 되었고 어려움에 맞서는 희망, 불확실성에 맞서는 희망, 그것이 담대한 희망이며 하나님이 주신 희망이자 국가의 토대라고 선포했다. 버락 오바마라는 인물이 젊은 날부터 품어온 담대한 소망이 열매를 맺은 것이다.

얼마 전 버락 오바마는 자서전을 냈는데 그 책의 제목도 《소망의 담대함》이었다. 원서 제목은 《Audacity of Hope》, 'Audacity'라는 단어는 담대함을 넘어설 정도의, 충격을 줄 정도의 대담함을 의미한다. 매우 도전적인 단어라는 생각이 든다.

좋은 인재가 되는 또 하나의 비결은 담대한 소망이다. 꿈이라고 표현하지 않은 이유는 조금 더 구체적으로 표현하고 싶어서다. 사실 나는 꿈을 강요하는 현실 상황을 전적으로 공감한다. 이상하리만큼 꿈에 대한 강요(?)는 시대가 변해도 바뀌지 않는 것 같다. '넌 커서 뭐가 될래?'라는 질문을 수도 없이 들었던 우리 세대였다. 무조건 잘나가는 사람을 롤모델로 삼아야만 할 것 같은 현실에서 되고 싶은 것을 찾지 못한 아이들은 마치 죄인처럼 주눅 들곤 했다.

지금도 다르지 않다. 표현은 세련되게 변했을지 몰라도 여전히 어린 학생들에게 무엇을 전공할 건지 물어보고, 아직 모른다고 하면 왜 아직 결정하지 않았냐고, 마치 아무것도 안 하는 사람처럼 몰아세우기 일쑤다. 그렇다 보니 고등학생 정도 되면 없었던 장래 희망도 서둘러 찾아야 하고 그에 맞는 학교 활동 과제 등으로 엮는다. 중간에 진로가 바뀌면 난감하다. 그래도 변화에 대한 유연성은 있기에 어떻게 바뀌어도 그로 인한 변화가 보인다면 진학에는 문제가 없다.

그런데 막상 대학에 진학할 때의 상황은 매우 다르다. 정량적·정성적 평가에 따른다고 하지만 성적에 맞추어 진학해야 하는 것이 현실이고, 설령 맞추어 전공을 정했다고 해도 막상 갔다가 적성에 맞지 않을 수도 있다. 다행히 미국을 비롯한 세계의 대학은 전공 변경을 아주 자연스럽고 당연하게 여기기에 학생의 부담이 덜하다. 우리나라도 많이 변하고 있지만 외국에 비하면 기대 수준에 못 미치는 것 같다.

이런 상황에서 변치 않는 신념이 인재를 인재답게 만든다. 제도와 정책은 언제든 변할 수 있지만 신념은 그렇지 않다. 나는 그것을 담대한 소망으로 본다. 어떤 상황에서든 잘될 거라는 담대한 희망, 할 수 있는 최선을 다해 다른 사람을 돕고 싶다는 소망, 누가 봐도 불리한 상황이지만 나는 잘될 거라고 믿는 희망, 보이지 않지만 인류의 위협이 될 수 있는 바이러스에서 생명을 구하고 싶다는 갈망 등 담대한 소망을 품은 사람이 정말 좋은 인재다. 그 담대함에서 나오는 긍정 에너지가 선한 방향으로 변화를 이끌어낼 수 있기 때문이다.

하버드 장학생으로 선발되어 전 세계인에게 감동을 준 카디자 윌리엄스의 에세이는 불우한 인생을 딛고 희망이 되겠다는 소망이 얼마나 가치 있는지 보여준다.

*

제 이름은 카디자 윌리엄스입니다.

저의 어머니는 열네 살 때 차가운 쓰레기 더미 속에서 저를 출산 하셨습니다. 어머니와 전 뉴욕의 거리를 전전했고 무료급식과 쓰레 기를 뒤져 굶주림을 해결했습니다. 전 아무것도 모르고 그렇게 길거 리에서 자랐습니다. 제 이름은 노숙자가 되어 있었습니다.

전 공부가 좋았습니다. 가진 것 없는 제가 그나마 남들과 같아지 기 위해 책 한 권을 더 읽고 한 번 더 생각하는 방법을 택했습니다. 노숙자들이 모여 사는 텐트촌에서 어머니와 저는 두 모녀가 감수해 야 할 위험한 시선을 참아내며 필사적으로 학교에 다녔습니다. 12 학년을 다니는 동안 자그마치 12곳이나 학교를 옮겨 다니며 공부해 야만 했습니다. 하지만 전 포기할 수 없었습니다. 한 달에 책을 5권 읽었고, 뉴욕의 모든 신문을 정독했습니다. 거리의 길바닥은 제게 세상에서 가장 넓은 공부방이었습니다.

꿈이 생겼습니다. 대학에 들어가 나의 운명을 스스로 바꾸는 꿈. 우리 가족이 더는 남들의 비웃음 섞인 시선을 받지 않아도 되는 꿈. "노숙자 주제에 대학은 꿈도 꾸지 마라." 사람들은 항상 같은 말을 했습니다. 저는 노숙자처럼 보이지 않으려고 항상 머리를 단정하게 했고 옷도 언제나 깨끗하게 입었습니다. 이를 악물고 공부했습니다.

11학년이 되었을 때는 어머니께 이사를 하더라도 더는 학교를 옮기지 않고 싶다고 부탁했습니다. 대학에 가려면 저를 잘 아는 선생님의 추천서가 꼭 필요하기 때문입니다. 그래서 저는 새벽 4시에 일어나 학교에 갔고 밤 11시가 되어서야 돌아왔습니다.

평균 4.0에 가까운 학점을 유지했고 토론 동아리, 육상팀 등 다양한 학교 활동에도 참여했습니다. 모든 곳이 저에게는 배움의 장소였습니다.

이런 저에게 변화가 생기기 시작했습니다. 복지단체들에서 장학금으로 저를 도와주기 시작했고 사회단체에서 절 지켜봐주었습니다. 절 믿는 사람들이 생긴 것입니다. 정말 최선을 다했습니다. 내 인생과 운명을 바꾸기 위해 앞만 보고 달렸습니다. 그리고 전 결국 브라운과 컬럼비아, 애머스트 등 미국 전역의 20여 개 대학에서 합격통지를 받아냈습니다.

"저를 합격시키지 않는다면 당신들은 제2의 미셸 오바마를 놓치는 실수를 하는 겁니다."

＊

하버드 4년 장학생으로 많은 이에게 영감과 도전을 전해주고 있는 카디자 윌리엄스의 스토리는 하버드라는 명함을 따냈기 때문에 감동을 주는 것이 아니다. 모든 이가 인정하지 않는 상황에서도 가난이 결코 변명거리가 되지 못하며 스스로 환경을 뛰어넘겠다는 담대한 소망이 감동을 준다. 누군가에게 희망과 도전을 주는 존재가 충분히 될 수 있음을 보여준 것이다.

사업 초기에 처음 Supplement(보충 자료)라는 전략을 도입했을 때 업계와 소비자의 반응은 뜨거웠다. 대학 원서는 정해진 포맷이 있고 제출해야 하는 서류도 일정하지만 추가 자료를 제출할 수 있는 학교들이 꽤 있다. 아트, 사진, 영상, 영화 같은 Visual한 자료뿐만 아니라 논문, 음악, 추가적인 Writing 등 다양한 형태로 포트폴리오처럼 만든다. Supplement는 정식 필수 서류는 아니기 때문에 제출했을 때 플러스알파로 베네핏이 있을 수 있지만 전혀 감안이 안 될 수도 있다.

하지만 Supplement를 잘 활용하면 원서에서 밋밋하게 보일 수 있는 지원자의 개성을 입체적으로 드러낼 수 있다. 학교마다 Supplement 정책이 다르기 때문에 지금까지 안정된 형태로 학교별 전략을 세우기까지 직접 학교들과 일일이 소통하고 분석하는 고된 작업이 수년에 걸쳐 이루어졌고 수많은 Supplement 제작사와 논의했다.

Supplement는 그저 추가한다고 효과를 보는 게 아니라 지원자의 다른 요소들과 균형을 이루어야 하며 아이의 학교생활과도 밀접하게 관련이 있어야 한다. 학생에게 맞는 Supplement를 제작하려고 미술학원이나 다른 학원의 도움도 받았지만 무엇보다 그들의 학교생활을 면밀히 살펴야 한다. 많은 학생의 핵심 Key는 학교생활에 있다.

자신을 내세울 수 있는 자료에는 무엇이 있을까? 막상 별로 없는 것 같지만 생각해보면 굉장히 다양한 게 자료가 될 수 있다. 하다못해 어린 시절 창의적인 아이디어로 그림을 그렸던 포트폴리오북도 그 사람의 아이디어를 볼 수 있는 자료로 활용할 수 있다.

Supplement는 전방위로 활용된다. 물론 이 추가 서류가 학생을 더 빛나게 하는 포트폴리오가 될 것인지, 서류를 받아주는 학교를 알아보고 학교와 학생이 잘 매칭되는지 판단하는 것이 중요하다.

실제로 Top Tier 대학 입학에서도 Supplement가 적지 않은 영향을 끼치고 있다. 하버드 입학생의 사례를 보면, 그들이 학교에 지원하며 각종 Supplement를 잘 활용했음을 알 수 있다. 어떤 학생은 관심사인 음악적 재능과 노력을 내세워 CD 형태로 자작곡을 제출하는 동시에 불우한 학생들에게 음악을 가르치는 음악교실 봉사를 하면서 학교에서 펼친 공연 자료를 제출해 좋은 인상을 주었다.

원서 지원 시에는 연예인이 된 것처럼 콘셉트가 있어야 하고 스토리텔링을 해야 한다. 자신의 스토리를 생각하는 사람이 성장하고 기회를 얻는다. 최대한 자료를 많이 활용하고 포트폴리오를 만드는 것이 좋다. 한 학생의 콘셉트를 위해 마치 기획사나 광고회사처럼 여러 카운슬러 선생님이 모여 반복적으로 회의하고 아이디어 미팅을 하는 이유가 여기에 있다. 눈에 띄는 포트폴리오는 분명 다르기 때문이다.

어드미션의 세계는 자료와의 전쟁이라 할 수 있다. 비대면으로 합격 여부가 갈리기 때문에 객관적이고 사실적인 세련된 자료가 필요하다. 그래서 상대로 하여금 보고 싶게끔, 볼 수 있게끔 준비해야 한다. 이때 다양성을 보여줄 수 있는 자료는 아주 매력적이다. 양으로 승부하거나 꾸며진 내용은 오히려 역효과를 불러올 수 있으므로 주의해야 한다.

12

Contribution

세상에 기여하는 삶

"25만 원 나왔습니다. 자, 다른 분들 없습니까?"

"30만 원 나왔습니다. 더 없나요? 그럼 30만 원에 낙찰됩니다!"

중고 노트북을 낙찰 받은 한 학생이 기쁨에 포효하고 낙찰 받은 사람도, 못 받은 사람도 다들 여유 있는 표정에 아쉬울 게 없는 태도를 보이는 곳은 자선경매장이다. 몇 달 전부터 학생들의 여름방학 기간에 맞추어 준비해온 행사다. 학생과 학부모, 우리 회사 직원들까지 수십 명이 모여 음식도 나누고 중고 물품 옥션도 진행했다.

이 이벤트의 주최 기관은 Share Ground(쉐어그라운드)라는 봉사 그룹인데 2013년에 내가 만든 비영리 단체다. 주로 학생들이 주체가 되어 움직이되 가장 많은 사람이 모일 수 있는 여름방학에 맞춰 매년 행사를 하고 있으며 올해로 10년째다.

봉사 단체를 직접 만들겠다고 생각한 데는 특별한 이유가 있었다. 개인적으로 어린 시절부터 남을 돕는 일에 관심이 많았다. 청소년 시절에 우연히 종교 단체를 따라 고아원에 봉사를 갔다가 또래 아이들과 만나 하루 종일 같이 시간을 보내고 헤어지면서 아쉬움에 많이 울고 다시 찾아가겠다고 약속도 했지만 그 이후 찾아가보지 못했다. 정작 그런 헤어짐과 현실적이지 못한 약속에 익숙한 그곳의 아이들은 오히려 별 기대를 안 하는 듯했지만 그 일은 두고두고 나에게 불편한 기억이 되었다.

그 일은 나에게 많은 생각을 하게 해주었다. 누군가를 돕는다는 것은 가치 있고 중요한 일이지만 어떻게 돕느냐도 매우 중요한 사안임을 알게 해준 것이다. 도움이 어설프거나 잘못됐을 때는 오히려 돕는 게 아니라 그 사람들을 불편하게 할 수도 있기에 그때 나름 결심을 했다.

'어설프게 돕지 말자. 돕는다는 생각으로 내 마음의 위로를 얻을 게 아니라 정말 현실적이고 합리적인 방법으로 도와주자.'

성인이 되면서 월드비전 같은 봉사 단체에 정기 후원을 하기도 했지만 과연 내가 결심한 대로 제대로 된 도움인지 의문은 계속 남았고 뭔가 의미 있게 도울 일이 있을 것 같았다. 그러다가 컨설팅 회사를 운영하면서 기회가 생겼다.

학생들을 컨설팅하면서 매년 봉사에 대한 질문을 끝없이 받는다. 실제로 학생들에게 봉사할 기회를 연결해주다 보면 정말 봉사를 하고 싶어서 묻는 학생들보다는 대학 갈 때 도움이 되거나 무조건 중요하다고 하니까 해야 한다고 생각하는 학생이 많았다. 아마 '제대로 된 봉사' 기회를 얻지 못해서 봉사가 얼마나 가치 있고 귀한지를 아직 모르는 아이들이 더 많다고 표현하는 것이 맞을 것이다.

아이들이 주로 하는 봉사는 월드비전, 컴패션, 해비타트, 유니세프와 같이 브랜드 네임이 있는 봉사가 주를 이루고 있었다. 또 고아원, 양로원, 병원과 같은 곳에서 봉사할 기회가 있는지 찾는 경우가 많았다. 하지만 이미 조직이 갖추어진 봉사 단체에서 미성년 아이들이 할 수 있는 일은 아주 제한되어 있다.

진심 어린 봉사를 하기가 어렵고 또 그러한 마음이 있다고 해도 할 수 있는 일이 많지 않았다. 이런 아이들에게 어떻게 봉사를 하는지와 봉사의 가치를 가르치는 것도 성인으로서 중요한 일이라고 생각했다. 그것은 그동안 내가 생각해온 봉사를 실현하는 일과도 맞아떨어지는 지점이 있었다. 그래서 직접 봉사 단체를 만들기로 했다.

회사와는 상관없이 운영하고자 별도로 사업자를 냈다. 아이디어를 내고 학생들을 참여시켰다. 어른들이 심하게 관여하여 이게 아이들을 위한 봉사 단체인지 어른들이 아이들 스펙을 만들어주는 건지 모르는 듯한 단체는 만들고 싶지 않았다. 가장 기본적인 아이디어만 제공하고 모든 과정을 아이들이 참여하는 방식으로 참여율을 끌어올렸다. 웹사이트 구축과 첫 기부금은 내가 냈지만 그다음부터는 아이들이 하나하나 일구어내도록 서포트했다.

Share Ground에서는 집에서 쓰지 않는 새 물건이나 상태가 아주 좋은 중고 물품을 기부받아서 옥션 형태로 되파는 활동으로 첫 이벤트를 진행했다. 그 활동에서 나온 현금과 남은 물품은 모두 기관에 기부했다. 단체의 이름도 학생이 직접 만들었다. 나눔을 의미하는 Share와 축제의 장을 의미하는 Fairground의 합성어다. 학생과 직원 모두 자원 봉사로만 참여했고 매년 꽤 많은 금액이 모였다.

기부금으로 들어온 돈으로는 피자 한 판도 사 먹지 않고 전액 적립했다. 회원을 모집하고, 정관을 만들고, 기부처를 찾고, 행사를 기획하는 모든 일을 학생들이 직접 했다. 홍보활동이나 기부 물품을 정리, 촬영, 판매하는 것부터 옥션 장소 섭외, 연주 및 재능기부까지 다 학생들이 주도했다. 사이트도, 로고 디자인도, 행사 포스터도 아이들이 직접 만들었다. 악기를 다룰 줄 아는 학생들은 연주 봉사도 하고, 합창 대회도 했고, 음식도 만들어 팔았다. 그 덕분에 우리 회사의 카운슬러들도 많이 참여했고 재능기부를 해준 단체들도 있다.

사실 현금으로 모금하여 기부하는 형식이 제일 간단하고 편하다. 하지만 봉사 단체를 직접 만들어 펀드레이징을 따로 하는 이유는 봉사를 하는 많은 아이가 왜 봉사를 하는지 진정한 가치를 꼭 찾았으면 하는 마음에서였다. 의미 없는 봉사는 대학에도, 아이들의 인생에도 크게 도움이 되지 않는다고 생각했다.

기부처 하나하나를 살펴서 왜 기부를 해야 하는지 아이들이 직접 연구하길 바랐고, 기부금이 그렇게 쉽게 모이는 게 아니라는 점도 알려주고 싶었다. NGO 단체를 만드는 과정도 다 보여주고 싶었고, 현금보다는 자신들의 재능을 활용해 누군가에게 도움을 주는 일이 훨씬 가치 있다는 점도 알려주고 싶었다. 이러한 의도는 적중했고, 해마다 이 봉사활동을 하면서 학생들은 봉사의 기쁨과 진정한 기여에 관해 깊이 고민하며 나아가고 있다.

미국 대학을 지원할 때 봉사를 많이 했는지 여부를 꼭 보는 이유는 이 지원자가 '기여할 줄 아는' 사람인지 보려는 것이다. 미국 사회를 제대로 아는 사람이라면 얼마나 많은 분야에서 기부 문화가 정착되어 있는지 알 것이다. 물론 기여라는 것이 꼭 물질적인 기부금만 의미하지는 않는다. 그런 방법이 아니어도 자신이 속한 커뮤니티에 기여할 수 있는 방법은 아주 많다.

미국의 명문 학교들은 절대 학비로만 운영되지 않는다. 그 학교를 졸업한 졸업생이나 그 학교가 명문이 되기를 바라는 많은 사회의 인재가 기부와 기여를 하기 때문이다. 명문은 그러한 전폭적이고 열렬한 '기여' 속에서 탄생한다. 그러므로 명문에서 찾고 있는 인재는 재능이 뛰어난 지원자이기도 하지만 그 재능을 자신만을 위해서가 아니라 남을 위해서도 쓸 수 있는 준비와 마음가짐이 되어 있는 사람이다.

이제 세계를 무대로 공부하는 우리 학생들이라면 기여의 참 의미를 알아야 할 것이다. 내가 무엇을 어떻게 기여할 수 있을지, 그리고 그것이 내 삶에도 얼마나 큰 영향을 미칠지 말이다. 진정한 엘리트란 단순히 우수한 능력과 자질을 가지고 있는 사람들을 말하는 것만이 아니라 그런 탁월한 능력을 가지고 결정적인 선한 영향력을 보여줄 수 있는 사람이 아닐까 싶다.

사람을 세워가는 기쁨

부모의 성공을 자녀에게 물려줄 수 있는가? 안타깝게도 부모가 성공할수록 자녀를 성공시키기 어려운 시대다. 직접적으로 재산을 물려주는 게 아니라면 부모의 성공 방식이 자녀에게 대물림되기 어렵고, 오히려 부모가 성공했을 때 자녀의 교육관이나 커리어 플랜이 느슨해지기 쉽다. 자녀가 열정적이지 않고 최선의 노력을 하지 않으며 절실한 게 없다는 이야기를 엄청 많이 듣는다. 당연히 잘할 줄 알았다는 말도 많이 한다. 그러나 부모 세대가 열심히 살았다고 해서 자녀가 똑같이 되리라는 보장은 없다. 더구나 지금은 아이들에게 선택권이 너무 많은 시대다.

로버트 기요사키가 쓴 《부자 아빠, 가난한 아빠》를 읽게 된 건 우연이면서 운명이었다. 누군가의 추천을 받아 읽게 되었는데, '부모의 도움 없이 과연 부자가 될 수 있을까' 하는 회의적인 생각으로 집어 들었던 책이 기존의 생각을 흔들 정도로 파장이 컸다. 특히 인상 깊었던 부분은 시스템에 관한 것이었다.

부를 이루려면 돈을 좇는 게 아니라 이윤을 만들어내는 시스템을 갖춰야 한다. 취업을 잘해서 혹은 본인의 뛰어난 역량으로 수익을 얻는 구조가 아닌, 돈이 흘러갈 수 있도록 시스템을 만들어놓고 저절로 돈이 쌓이는 구조를 고민하라는 것이다. 무엇보다 단시간 전략은 어려운 데 반해 장기로 이어지면 유리하기에 장기적인 안목을 가지라는 조언은 위로가 되었다.

이 내용을 접하면서 한 대 맞은 기분이 들었다. 시스템을 제대로 만들어놓으면 된다는 희망, 돈을 얼마를 벌어야 할지 고민할 게 아니라 시스템을 고민하면 된다는 점이 도전이 됐던 것이다. 또 이런 가치관은 우리 회사가 주력하고 있는 롱텀 컨설팅과도 통하는 부분이 있다. 부모는 자녀에게 지식을 물려줄 수도, 학벌을 물려줄 수도, 능력을 물려줄 수도 없다. 부모가 물려줄 수 있는 것은 성공에 대한 루트, 곧 '시스템'이다.

나는 지금까지 쉼 없이 일했고 공백 없는 커리어를 쌓아왔다. 일하는 엄마의 고충은 생각보다 훨씬 힘들어서 정작 내 아이의 어린이집, 학원, 학교와는 제대로 소통할 시간이 없어 아이에게 미안했던 적이 한두 번이 아니다. 한때는 모든 일을 그만두고 정말 내 아이에게만 온전히 에너지를 쏟을까 생각한 적도 있다. 하지만 그때마다 내가 맡고 있는 아이들에 대한 책임감이 강하게 나를 사로잡았고 결국은 한 학부모님의 말을 듣고 마음을 굳힐 수 있었다.

"원장님은 더 많은 아이를 도와주셔야지요. 일을 그만두시면 안 됩니다."

사실 그랬다. 우리 회사에 컨설팅을 부탁하시는 많은 부모님 또한 누군가의 케이스를 해결해주기 위해서 혹은 누군가에게 도움을 주고 그들의 라이프에 기여하는 삶을 살고 계신 전문인이 많았다. 능력이 출중하고, 사명감도 있고, 또 자신들의 커리어를 쉽게 포기할 수 없는 분들이다. 그들의 자녀들 또한 나의 아이처럼 누군가 도와줄 사람을 찾고 있을 터였다.

아이의 교육을 위해 부모의 커리어를 던져버리는 것이 옳은 일인가? 오히려 각자의 위치에서 더 많은 사람을 도와주는 것이 필요할지도 모른다. 그래서 나는 내 일을 더 열심히 하기로 했다. 학교에 진학하는 이 과정을 단순한 '수속'이 아니라 중요한 교육과정이라고 생각하고, 우리 회사를 비즈니스가 아닌 교육기관이라고 생각하는 이유가 바로 이 때문이다. 부모의 성공 방식을 자녀에게 똑같이 전수할 수는 없겠지만 적어도 자녀에게 합리적인 교육 플랜을 운영해줄 좋은 멘토와 카운슬러와 함께 시너지를 내는 것은 매우 좋은 일이라고 생각한다.

한국에서 어드미션 컨설팅 회사를 시작한 지 13년 차를 맞고 있다. 그동안의 화려한 성과와 입시 결과에 기쁘기도 하지만, 더 근원적인 기쁨은 애정으로 지도한 학생이 좋은 학교에 가서 꿈과 비전을 펼칠 수 있게 되는 것이다. 결국 사람을 세워가는 기쁨이다. 이것은 내가 정말 잘하고 좋아하는 일이기에 더할 나위 없이 행복하다.

어떤 사람은 사생활이 거의 없는 이 생활이 힘들지 않느냐고 묻는다. 여느 직장처럼 정시 출근 정시 퇴근이지만, 생각해보면 장기간 이어지는 일대일 컨설팅은 몸은 떨어져 있어도 정서적으로 함께하는 관계다. 그러니 출퇴근 시간이 그다지 의미가 없다. 언제라도 무슨 일이 발생하면 바로 대처해야 하는 경우가 태반이기 때문이다. 그런데도 나는 왜 이 일을 멈추지 못하는가?

답은 앞에서 이미 나왔던 것 같다. 내가 가장 좋아하는 일, 가장 잘할 수 있는 일이 내가 가진 모든 것을 동원해 다른 사람을 돕는 일임을 깨달았기 때문이다. 그래서 선물처럼 주어진 나의 일로 여기고 감사하며 계속 나아가고 있다.

Special thanks to

까다롭고 고집스러운 교육 철학을 10여 년 넘게 지켜오는 동안 소속 카운슬러들의 희생과 협력이 없었더라면 오늘과 같은 인사이트컨설팅은 절대 없었을 것이다. 지금까지 치열한 교육 현장의 최전선에서 아이들과 울고 웃으며 그들의 미래를 바꾸어놓은 동료 카운슬러들에게 깊은 감사를 표한다.

또 오랜 시간 동안 변함없이 우리의 방식을 지지해주시고 힘을 주시는 학부모들께도 감사한다. 드디어 나의 첫 번째 책을 세상에 내보낼 수 있게 도와주신 고수정 작가님, 언제나 많은 영감을 주는 나의 뮤즈인 딸과 사랑하는 가족, 그리고 미국 생활을 함께 시작하면서 내 커리어를 열어준 사랑하는 나의 조카 故 김희정에게 특별한 마음을 전하고 싶다.